2024年度版

金融業務 **3** 級

預金コース

試験問題集

一般社団法人 金融財政事情研究会

◇ はじめに ◇

　本書は、金融業務能力検定「金融業務3級　預金コース」の受験者の学習の利便を図るためにまとめた試験問題集です。

　本試験は、預金実務全般にわたる基礎知識の習得度・預金実務上の判断力を検証することを目的として実施されています。

　金融機関の職員にとって、預金に関する知識は、習得するのみならず、日常業務に活かすべきものです。

　「預金者保護法」や「金融サービス提供法」の施行にもみられるように、金融機関は「預金者を保護する」ことが重視されています。金融機関の職員として、預金実務に係る法改正や金融商品の動向などについても、日頃からフォローを怠らないことが重要です。

　本書は、4章構成で、各テーマ別に設問を収録し、基礎から応用まで幅広く、実務に直結する知識を習得できるよう構成されています。

　なお、合格を確実なものとするために、基本教材である通信教育講座『預金コース』も併せて活用されることをお勧めします。

　預金業務の遂行に欠かせない各種の問題を収録した本書を有効に活用し、ぜひとも金融業務能力検定「金融業務3級　預金コース」に合格されることを願っております。

2024年3月

一般社団法人　金融財政事情研究会

検定センター

◇◇目　次◇◇

第2章　各種預金等

第3章　当座勘定取引の実務

─── 〈法令基準日〉 ───

本書は、問題文に特に指示のない限り、2024年4月1日（基準日）現在施行の法令等に基づいて編集しています。

◇ CBT とは◇

　CBT（Computer-Based Testing）とは、コンピュータを使用して実施する試験の総称で、パソコンに表示された試験問題にマウスやキーボードを使って解答します。金融業務能力検定は、一般社団法人金融財政事情研究会が、株式会社シー・ビー・ティ・ソリューションズの試験システムを利用して実施する試験です。CBT は、受験日時・テストセンター（受験会場）を受験者自らが指定できるとともに、試験終了後、その場で試験結果（合否）を知ることができるなどの特長があります。

本書に訂正等がある場合には、下記ウェブサイトに掲載いたします。

https://www.kinzai.jp/seigo/

─── 〈凡　例〉 ───

・犯罪による収益の移転防止に関する法律＝犯罪収益移転防止法

・租税条約等の実施に伴う所得税法、法人税法及び地方税法の特例等に関する法律＝実特法

・犯罪利用預金口座等に係る資金による被害回復分配金の支払等に関する法律＝振り込め詐欺救済法

・金融サービスの提供に関する法律＝金融サービス提供法

・偽造カード等及び盗難カード等を用いて行われる不正な機械式預貯金払戻し等からの預貯金者の保護等に関する法律＝預金者保護法

・障害者等の少額預金の利子所得等の非課税制度＝障害者等のマル優

・障害者等の少額公債の利子の非課税制度＝障害者等の特別マル優

・個人情報の保護に関する法律＝個人情報保護法

・行政手続における特定の個人を識別するための番号の利用等に関する法律＝番号法

・民間公益活動を促進するための休眠預金等に係る資金の活用に関する法律＝休眠預金等活用法

・滞納処分と強制執行等との手続の調整に関する法律＝滞調法

「金融業務３級　預金コース」試験概要

預金実務全般にわたる基礎知識の習得度・預金実務上の判断力を検証します。

■受験日・受験予約	通年実施。受験者ご自身が予約した日時・テストセンター（https://cbt-s.com/examinee/testcenter/）で受験していただきます。 受験予約は受験希望日の３日前まで可能ですが、テストセンターにより予約可能な状況は異なります。
■試験の対象者	若手行職員　※受験資格は特にありません
■試験の範囲	１．預金業務の基礎　２．各種預金等　３．当座勘定取引の実務　４．預金の特殊実務
■試験時間	100分　試験開始前に操作方法等の案内があります。
■出題形式	四答択一式50問
■合格基準	100点満点で60点以上
■受験手数料（税込）	5,500円
■法令基準日	問題文に特に指示のない限り、2024年４月１日現在施行の法令等に基づくものとします。
■合格発表	試験終了後、その場で合否に係るスコアレポートが手交されます。合格者は、試験日の翌日以降、合格証をマイページからPDF形式で出力できます。
■持込み品	携帯電話、筆記用具、計算機、参考書および六法等を含め、自席（パソコンブース）への私物の持込みは認められていません。テストセンターに設置されている鍵付きのロッカー等に保管していただきます。メモ用紙・筆記用具はテストセンターで貸し出されます。計算問題については、試験画面上に表示される電卓を利用することができます。
■受験教材等	・本書 ・通信教育講座「預金コース」（一般社団法人金融財政事情研究会）
■受験申込の変更・キャンセル	受験申込の変更・キャンセルは、受験日の３日前までマイページより行うことができます。受験日の２日前からは、受験申込の変更・キャンセルはいっさいできません。

■受験可能期間　　　　　受験可能期間は、受験申込日の３日後から当初受験申
　　　　　　　　　　　込日の１年後までとなります。受験可能期間中に受験
　　　　　　　　　　　（またはキャンセル）しないと、欠席となります。

※金融業務能力検定・サステナビリティ検定の最新情報は、一般社団法人金融財政事
　情研究会のWebサイト（https://www.kinzai.or.jp/kentei/news-kentei）でご確認く
　ださい。

第1章

預金業務の基礎

1－1　預金とは

《問》預金の目的と働きに関する次の記述のうち、最も適切なものはどれか。
1）預金は、預金者が金融機関に金銭を貸し、金融機関が預金者に元本と利子を返済するもので、民法上の賃貸借である。
2）普通預金などの出し入れが自由な流動性預金の役割は、金銭の一時保管と利殖である。
3）資金決済機能の例として、普通預金における公共料金やクレジット代金等の自動引落し、当座預金における手形・小切手の決済などがある。
4）金融機関が預金と融資を連鎖的に繰り返すことにより、預金通貨が増えていくことを乗数効果という。

・解説と解答・

　預金とは、金融機関に金銭を預けること、また預けられた金銭である。この預けられた金銭の働きを考える。

1）不適切である。預金は民法上の消費寄託契約である。なお、消費寄託契約は、これまで消費貸借に類似した性質を有することから、消費貸借の規定が準用されていたが、2020年4月施行の改正民法により、消費寄託は原則として寄託の規定が適用され、消費貸借の規定の準用は一部に限定された（民法657条、666条）。
2）不適切である。流動性預金は出し入れが自由なため、金銭の一時保管という役割が強く、預入期間の定めのある定期性預金に比べて利率が低く、利殖という意味合いは小さい。
3）適切である。預金の資金決済機能とは、資金を受けたり払ったりして決済を行うことにより、債権・債務の解消ができる働きのことをいう。
4）不適切である。預金と融資を連鎖的に繰り返すことにより、預金通貨が増えていくことを信用創造という。乗数効果とは、投資などの独立的な支出の増加が、その有効需要が所得増加の過程を経て一連の波及効果を出尽くしたとき、最初の独立的支出の数倍の所得の増加をもたらす効果のことをいう。

正解　3）

1－2　預金保険制度①

> 《問》預金保険制度に関する次の記述のうち、最も不適切なものはどれか。
> 1）預金者は、預金保険制度の対象となる金融機関に当該制度による保護の対象となる預金等を預け入れることにより、預金者の意思にかかわりなく保険関係の当事者となる。
> 2）定期積金は、預金保険制度による保護の対象とならない。
> 3）預金保険制度により全額が保護の対象となる決済用預金には、利息の付される普通預金は含まれない。
> 4）預金保険制度による保護の対象となる預金等の限度額（決済用預金を除く）は、金融機関ごとに合算して預金者1人当たり元本1,000万円と破綻日までの利息等の合計額である。

・解説と解答・

1）適切である。制度対象の金融機関が対象預金の受入れを行ったことにより、預金保険法に基づいて保険契約が成立し、預金者の格別の意思表示は不要である。
2）不適切である。定期積金は預金保険制度による保護の対象とされている。
3）適切である。全額が預金保険制度による保護の対象となっている決済用預金は、「無利息、要求払い、決済サービスの提供」の3つの要件を備えることが必要である。
4）適切である。預金保険制度による保護の対象となる預金等の限度額は、金融機関ごとに合算して預金者1人当たり元本1,000万円と破綻日までの利息等の合計額である。

正解　2）

4

1－3　預金保険制度②

《問》預金保険制度に関する次の記述のうち、最も不適切なものはどれ
か。
1）金融機関に保険事故（破産手続開始の決定等）が発生し、預金者へ
の仮払金の支払が決定したときは、普通預金1口座当たり50万円を
上限として支払われる。
2）政府系金融機関、外国銀行の在日支店は、預金保険制度による保護
の対象とはならない。
3）譲渡性預金は、預金保険制度による保護の対象外である。
4）家族の名義を借りたに過ぎない預金は、他人名義預金として預金保
険の保護の対象にならない。

・解説と解答・

1）不適切である。仮払金の限度額は、普通預金1口座当たり60万円である。
仮払金の支払は、保険金の支払（保険金支払方式による保護の場合）また
は付保預金の払戻し（資金援助方式による保護の場合）までにかなりの期
間を要すると見込まれるため、預金者の当座の生活資金等が必要となる場
合に行われるものである。
2）適切である。政府系金融機関、外国銀行の在日支店は、預金保険制度の対
象外である。また、対象金融機関であってもその海外支店は対象外であ
る。
3）適切である。なお、預金保険の対象となる預金等は、以下のとおりであ
る。当座預金、普通預金、別段預金、定期預金、通知預金、納税準備預
金、貯蓄預金、定期積金、掛金、元本補てん契約のある金銭信託、金融債
（保護預り専用商品）。
4）適切である。他人名義預金や架空名義預金は、預金保険の保護の対象外で
ある。

正解　1）

1－4　預金契約①

《問》普通預金等の預金規定が民法上の定型約款に該当する場合に関する
　　　次の記述のうち、最も不適切なものはどれか。

1）預金契約締結の際に、預金者が金融機関との間で預金規定を預金契
　　約の内容とする合意をすれば、その預金規定が預金契約の内容とな
　　る。
2）信義誠実の原則に反して預金者の利益を一方的に害すると認められ
　　る預金規定の条項については、合意をしなかったものとみなされ
　　る。
3）預金者から請求があった場合には、金融機関は遅滞なく相当な方法
　　で定型約款の内容を表示しなければならない。
4）金融機関による一方的な定型約款の変更は、内容にかかわらず認め
　　られないため、定型約款を変更する場合は、預金者と個別に合意す
　　る必要がある。

・解説と解答・

1）適切である。預金という定型取引を行うことの合意（定型取引合意）に加
　　えて、①定型約款を契約の内容とする合意をしたとき、または②定型約款
　　を準備した者（定型約款準備者といい、この場合は金融機関）があらかじ
　　め定型約款を契約の内容とする旨を相手方に表示していた場合は、定型約
　　款が定型取引の契約の内容となる（民法548条の2第1項）。
2）適切である（民法548条の2第2項）。
3）適切である（民法548条の3第1項）。
4）不適切である。①定型約款の変更が、相手方の一般の利益に適合すると
　　き、または②定型約款の変更が、契約の目的に反せず、かつ、合理的なも
　　のであるときのいずれかの場合には、金融機関の一方的な定型約款の変更
　　により、預金者と個別に合意することなく、変更後の定型約款について合
　　意があったものとみなされる（民法548条の4第1項）。

正解　4）

1－5　預金契約②

> 《問》預金契約における反社会的勢力への対応に関する次の記述のうち、最も不適切なものはどれか。
> 1 ）金融機関は、暴力団排除条項が記載された預金取引約款に基づいて契約を締結した取引の相手方が、契約締結後に反社会的勢力であると判明した場合、当該取引を解消することができる。
> 2 ）金融機関は、預金契約締結後に預金取引約款に追加された暴力団排除条項に基づき、既存の預金契約を解約することはできない。
> 3 ）反社会的勢力には、暴力団および暴力団員だけではなく、総会屋も該当する。
> 4 ）預金取引約款に暴力団排除条項を記載するだけでなく、預金契約時に反社会的勢力ではないことの表明・確約内容の同意を得ることが望ましい。

・解説と解答・

1 ）適切である。
2 ）不適切である。裁判例（福岡高判平成28年10月 4 日、金法2052号90頁）は、2020年 4 月施行の民法改正前の事案において、預金契約締結後に預金取引約款に追加した暴力団排除条項は、合理的な取引約款の変更に当たり、既存顧客との個別の同意がなくても遡及して適用されると判断している。
3 ）適切である。全国銀行協会「普通預金規定等に盛り込む暴力団排除条項の参考例について」にて、反社会的勢力として暴力団、暴力団員、暴力団準構成員、暴力団関係企業、総会屋等、社会運動等標ぼうゴロまたは特殊知能暴力集団等が挙げられている。
4 ）適切である。預金契約時（口座開設時等）に預金取引約款を交付するだけでなく、書面で反社会的勢力ではないことの表明・確約内容の同意を得ることが望ましい。金融機関の多くは口座開設申込書等に反社会的勢力ではないことを表明する署名欄を設けている。

正解　2 ）

1－6　預金契約③

《問》預金通帳の法的性質に関する次の記述のうち、最も不適切なものは
　　どれか。
　1）預金通帳は、預金者の財産上の権利と証券が不可分一体となってい
　　　る有価証券である。
　2）預金通帳は、預金者が金融機関に対して有する預金債権の存在を証
　　　明する証拠証券である。
　3）印紙税法上、預貯金通帳とは、銀行等が作成する普通預金通帳、通
　　　知預金通帳、定期預金通帳、貯蓄預金通帳、総合口座通帳などのほ
　　　か、会社や団体等が労働基準法または船員法に規定する預金を受け
　　　入れた際に作成する勤務先預金通帳または社内預金通帳も含む。
　4）預金通帳は、払戻しにあたり本人確認の手段として届出印とともに
　　　提示を求める免責証券である。

・解説と解答・

　預金通帳や預金証書は、預金取引における金額、利子、期限等の預金契約上
重要な情報が記載されており、契約証書としての法的性格を有する。権利と証
券が不可分一体となっている有価証券ではない。また、預金債権の存在を証明
する証拠証券である。さらに、金融機関は、預金規定上、預金の払戻しに際し
て預金の通帳や証書と届出印の押印を預金者に求め、これらが揃い、印鑑照合
や本人確認に誤りがなければ、金融機関等はその支払について免責される点で
免責証券の法的性格も有している。

1）不適切である。
2）適切である。
3）適切である。なお、印紙税について非課税となる預貯金通帳は、信用金庫
　　その他政令で定める金融機関の作成する預貯金通帳、いわゆるこども銀行
　　の代表者名義で預け入れる預貯金通帳、その他政令で定める普通預金通帳
　　である。
4）適切である。

正解　1）

1－7　預金の分類①

《問》預金の分類に関する次の記述のうち、最も適切なものはどれか。
1）通知預金は、定期性預金に分類される。
2）譲渡性預金は、定期性預金に分類される。
3）実勢預金とは、帳簿上の預金残高から、まだ資金化されていない手形・小切手等の証券類の金額を差し引いたものである。
4）実質預金とは、帳簿上の預金残高から、まだ資金化されていない手形・小切手等の証券類の金額および政府関係預り金などを差し引いたものである。

・解説と解答・

1）不適切である。通知預金は、流動性預金に該当する。流動性預金は顧客がいつでも引き出すことができる要求払預金とも呼ばれ、当座預金、普通預金、決済用預金、貯蓄預金、通知預金、納税準備預金等の総称である。
2）適切である。定期性預金とは期限付預金とも呼ばれ、一定の預入期間を定め、その期限が到来するまでは原則として引き出すことができない預金のことで、定期預金、積立預金、譲渡性預金等が該当する。
3）不適切である。実質預金の説明である。
4）不適切である。実勢預金の説明である。

正解　2）

1－8　預金の分類②

《問》預金類似の金融商品に関する次の記述のうち、最も不適切なものは
どれか。
1）定期積金は、掛金総額に対する給付補填金の割合が利回りとなる
が、預金金利と違い利回りは自由化されていない。
2）定期積金の給付補填金は、所得税法上は雑所得として課税の対象と
なり、個人の場合は、所得税および特別復興所得税、住民税が源泉
徴収・特別徴収される。
3）金銭信託は、信託銀行が複数の顧客から信託された金銭をひとまと
めにして、貸付や有価証券等で運用し、その運用益を顧客に配当す
るものである。
4）金銭信託は、運用指図の仕方により特定金銭信託と指定金銭信託に
分かれ、指定金銭信託は運用方法により合同運用と単独運用に分か
れる。

・解説と解答・

1）不適切である。定期積金では、満期日に受け取る給付契約金と掛金総額と
の差額が預金の利息に相当し、これを給付補填金という。掛金総額に対す
る給付補填金の割合が利回りとなり、利回りは預金金利と同様、自由化さ
れている。
2）適切である。定期積金の給付補填金は、雑所得として課税されるが、金融
類似商品の収益として源泉分離課税の対象となる（所得税法35条、209条
の2、209条の3、租税特別措置法41条の10第1項）。なお、法人の場合は
総合課税が適用される。
3）適切である。
4）適切である。信託終了時に信託財産を金銭に換価して交付する金銭信託
は、運用指図の仕方により特定金銭信託（確定拠出年金信託、投資信託な
ど）と指定金銭信託に分かれ、指定金銭信託は運用方法により合同運用
（合同運用指定金銭信託、教育資金贈与信託、特定寄附信託など）と単独
運用（年金信託、確定給付企業年金信託、厚生年金基金信託、公益信託な
ど）に分かれる。

正解　1）

1－9　取引の相手方①

《問》未成年者との取引に関する次の記述のうち、最も不適切なものはどれか。
1）原則として、未成年者は、法律行為をするにあたり、その法定代理人の同意を得なければならない。
2）未成年者に対して親権を有する父母が婚姻中であるときは、原則として父母が共同で同意していないと有効な同意とはならない。
3）未成年者が法定代理人の同意を得ないで同意の必要な法律行為をした場合は、原則として、法定代理人や未成年者本人が後で当該法律行為を取り消すことができる。
4）未成年者であっても、営業の許可を受けていれば、その営業の範囲内であるか否かを問わず、すべての取引を単独で行うことが可能となる。

解説と解答

　法律行為とは、人が私法上の権利の発生・変更・消滅といった法律効果を望む意思に基づいてする行為であり、その意思表示の求めるとおりの法律効果を生じさせるものをいう。例えば、遺言や契約の取消しなどの単独行為、贈与、売買、交換、消費貸借、使用貸借などの契約、社団法人の設立行為などの合同行為がある。
1）適切である（民法5条1項）。未成年者の法定代理人は、原則として親権者たる父母であり、親権者がいないときは家庭裁判所が選任した未成年後見人がなる。
2）適切である。親権を有する父母の婚姻中は、親権は共同して行うものとされているが、父母の一方が親権を行うことができないときは他の一方が行う（民法818条3項）。
3）適切である（民法5条2項、120条1項）。
4）不適切である（民法6条1項）。未成年者が一種または数種の営業の許可を受けたときは、その営業に関しては、成年者と同一の行為能力を有する。なお、法定代理人が営業の許可を撤回した場合、その効力は将来に向かって消滅し、既存の契約関係に影響をもたらさない（民法6条）。

正解　4）

1−10　取引の相手方②

> 《問》成年被後見人との取引に関する次の記述のうち、最も不適切なもの
> はどれか。
> 1）成年被後見人と取引する場合は、日用品の購入その他日常生活に関
> 　する行為を除き、その成年後見人を取引の相手とすることが必要で
> 　ある。
> 2）成年後見人は、家庭裁判所による後見開始の審判により選任され
> 　る。
> 3）預金者が成年被後見人であったとき、その成年後見人に対する払戻
> 　しは無効である。
> 4）成年被後見人との預金取引は、その成年後見人の同意を得ていた場
> 　合でも、あとから取り消されると無効となる。

・解説と解答・

　権利能力（「権利・義務の主体となりうる能力（資格）」）があっても、行為
能力（「法律行為をなしうる能力（資格）」）を制限されている人には、①未成
年者、②成年被後見人、③被保佐人、④同意権付与の審判を受けた被補助人が
ある。
1）適切である（民法9条）。金融機関の実務としては、成年後見人が選任さ
　れている場合は、その成年後見人と取引を行うのが一般的である。
2）適切である。家庭裁判所の後見開始の審判により、後見人を付すとの審判
　を受けた者が成年被後見人、本人に代わって法律行為を行う者（法定代理
　人）として選任された者が成年後見人である（民法8条）。
3）不適切である。成年後見人は、成年被後見人の法定代理人であるから、正
　当な払戻権限を有している。
4）適切である。成年被後見人自身がした法律行為は、あらかじめ成年後見人
　の同意を得ていたとしても、日用品の購入その他日常生活に関する行為を
　除き、本人または成年後見人が取り消すことができる。成年被後見人は日
　常生活に関する行為を超えた契約を締結する行為能力が制限されているか
　ら、単独で有効な契約の締結をすることはできない。

正解　3）

12

1－11　取引の相手方③

《問》民法上の制限行為能力者および任意後見人との取引等に関する次の
記述のうち、最も不適切なものはどれか。
1）任意後見制度とは、本人に十分な判断能力があるうちに、将来、本
人の判断能力が低下した場合に備えて、あらかじめ家庭裁判所に代
理人（任意後見人）を選任するように申し立てる制度である。
2）被保佐人が行う一定の範囲の重要な財産上の行為については、保佐
人の同意が必要である。
3）補助人の同意を得なければならないのに補助人の同意なく被補助人
が行った特定の法律行為は、取り消しうる。
4）法定後見（未成年を除く）と任意後見契約に関して、登記制度が設
けられている。

・解説と解答・

1）不適切である。任意後見制度とは、本人と代理人候補者（任意後見受任
者）との間であらかじめ締結した任意後見契約に基づき、本人の判断能力
が不十分な状況となった場合に任意後見受任者が後見人として、委任され
た事務を行う制度である。任意後見契約は、任意後見監督人が選任された
時に効力を生ずる。
2）適切である（民法13条）。なお、日用品の購入その他日常生活に関する行
為については、保佐人の同意を要しないものとされている。
3）適切である。補助人や被補助人は特定の法律行為に対し、補助人の同意を
要する旨の審判を求めることができる。審判を得た特定の法律行為につい
て、補助人は同意権や取消権がある（民法17条）。
4）適切である。成年後見人等の権限や任意後見契約の内容などを登記し、登
記官が登記事項を証明した登記事項証明書（登記事項の証明書・登記され
ていないことの証明書）を発行することにより、登記情報を開示する成年
後見登記制度が設けられている。

正解　1）

1－12　取引の相手方④

《問》代表者の定めのある権利能力なき社団に関する次の記述のうち、最も不適切なものはどれか。
1）権利能力なき社団との銀行取引は、その代表者または代理人名義で行われることはなく、その社団の名で行わなければならない。
2）権利能力なき社団の預金債権は、社団に総有的に帰属するため、個々の構成員が払戻しを請求することはできない。
3）権利能力なき社団は、その社団の名で不動産登記を行うことができない。
4）権利能力なき社団は、その社団の名で民事訴訟の当事者となることができる。

・解説と解答・

1）不適切である。権利能力なき社団には法人格がない。権利能力なき社団との取引は、当該社団の代表者とされている者またはその代理人を相手として行うが、銀行により、社団名義での口座開設も認めている。なお、権利能力のない社団や任意団体の代表者変更は、代表者の資格を登記事項証明書等で確認できないので、新旧代表者双方からの申出を受けて受理するか、権利能力なき社団については、定められた規約によって代表者が変更された旨の総会議事録等の提出を新代表者から受けて受理する。そのうえで新代表者の本人確認も行う。
2）適切である。払戻請求権は代表者または代表者から委任を受けた代理権を有する者のみが行使することができる。
3）適切である。権利能力なき社団は、法人格がないので登記・登録はできない。その取引にあたっては、規約、総会議事録等の写しの提供を求め、社団の目的、内部手続、代表者、代表権の制限の有無・内容等を確認する。
4）適切である。民事訴訟法において、紛争の解決という立場から、権利能力なき社団で代表者の定めのあるものについては、訴訟上の当事者能力が認められている。また、法人税法上も法人と同様に扱われ、収益事業についてのみ納税義務を負う。

正解　1）

14

1－13　預金の成立①

《問》窓口に取引先ではない者が一般線引小切手を持って来店し、「この
小切手を取り立てて、新しく開設する普通預金口座に入金してほし
い」との申出があった。この場合に関する次の記述のうち、最も適
切なものはどれか。

1）犯罪収益移転防止法上の取引時確認をすれば、当該小切手を受け入
れて口座開設し、当該申出に応じてよい。

2）現金を受け入れて新規の口座を開設し、それと同時に当該線引小切
手を受け入れて当該申出に応じてよい。

3）申出をした者が真正な所持人でなかった場合には、当該小切手の真
正な所持人または振出人が損害を被り、受入金融機関は小切手の記
載金額の範囲内で損害賠償責任を負うことになるため、当該申出に
は応じることはできない。

4）線引小切手については、支払について制限があるだけで、受入れに
は制限がないため、当該申出に応じてよい。

・解説と解答・

1）不適切である。金融機関は自己の取引先または他の金融機関からのみ線引
小切手を取得することができ、金融機関はそれ以外の者のために線引小切
手の取立を行うことができない（小切手法38条3項）。

2）不適切である。新規に口座開設したばかりの預金者は、小切手法38条3項
に定める「自己の取引先」には該当しない。

3）適切である。真正な所持人または振出人が損害を被った場合は、受入金融
機関は小切手の記載金額の範囲内で損害賠償責任を負うことになるため
（小切手法38条5項）、当該申出に応じることはできない。

4）不適切である。

正解　3）

1−14　預金の成立②

《問》X銀行は、個人Aから、個人B名義のY銀行口座宛の振込依頼を受けた。その後、AからX銀行に、当該振込に係る組戻しの依頼があった。この場合におけるX銀行およびY銀行の事務手続に関する次の記述のうち、最も適切なものはどれか。

1）X銀行が為替通知を発信する前にAから組戻しの依頼が行われた場合、X銀行はY銀行に組戻しの依頼を行い、その回答に従って対応しなければならない。

2）Aの依頼を受け付ける際、X銀行はAに対して、Bの口座に既に入金されている場合は、組戻しができないことがある旨を説明する。

3）Bの口座に振込金が入金記帳された場合、X銀行から組戻しの依頼を受けたY銀行は、Bに誤振込である旨の通知をすれば、組戻しに応じることができる。

4）Bの口座への振込が先日付振込の場合、振込指定日前にAから組戻しの依頼が行われても、Y銀行はBの承諾を得ずに組戻しに応じることはできない。

・解説と解答・

1）不適切である。仕向銀行が為替通知を発信する前であれば、仕向銀行の判断で組戻しに応じることができる。なお、発信後は、被仕向銀行の回答に従って処理しなければならない。

2）適切である。振込規定ひな型で、「振込先の金融機関が既に振込通知を受信しているときは、組戻しができないことがあります。この場合には、受取人との間で協議してください」と規定されている。

3）不適切である。振込金が受取人の預金口座に入金記帳されているときは、受取人の預金として成立しているので、その承諾が得られたときに限り、組戻しに応じることができる。

4）不適切である。振込指定日までに受取人の預金口座に入金記帳していたとしても、それは事務処理上の措置であって、振込指定日までは受取人の預金債権にはなっていないので、被仕向銀行は受取人の承諾を得ることなく組戻しに応じることができる。

正解　2）

1-15 預金の成立③

《問》預金債権の成立時期に関する次の記述のうち、最も適切なものはどれか。
1) 店頭での現金による入金の場合は、顧客が通帳と現金をカウンターに差し出して入金を申し出た際に窓口担当者が通帳と現金を受け取れば、この時点で預金債権が成立すると解されている。
2) 他店券による入金の場合は、当該他店券を受け入れた時点で預金債権が成立すると解されている。
3) 現金による振込の場合は、振込指定日に預金債権が成立すると解されている。
4) 自店を支払場所とする小切手を受け入れた場合には、自店でその日のうちに決済を確認した時点で預金債権が成立すると解されている。

・解説と解答・

1) 不適切である。預金受入権限のある窓口担当者が現金を受け取って、金額を確認した時点で預金債権が成立するとされている。
2) 不適切である（当座勘定規定［証券類の受入れ］(1)）。取立が完了した時点、すなわち決済を確認し不渡返還時限の経過後に成立する。
3) 不適切である（当座勘定規定［本人振込み］）。一般の振込の場合は、被仕向金融機関が受取人の口座に入金記帳した時点で成立する。なお、先日付振込の場合は、振込指定日前に振込記帳がなされても、振込指定日の営業開始時点で成立するものとされている。
4) 適切である。「当店を支払場所とする証券類を受入れた場合には、当店でその日のうちに決済を確認したうえで、支払資金とします」（当座勘定規定［証券類の受入れ］(2)）とされている。

正解　4）

1－16　犯罪収益移転防止法①

《問》犯罪収益移転防止法に基づき、新規先の特定取引について金融機関
　　が行う「取引時確認」に関する次の記述のうち、最も不適切なもの
　　はどれか。
1）持参人払式小切手による現金の受取りで、その金額が10万円を超え
　　る場合、取引時確認を行う必要がある。
2）200万円を超える現金による入出金等の取引を行う場合、取引時確
　　認を行う必要がある。
3）貸金庫、保護預りの取引を開始する場合、取引時確認を行う必要が
　　ある。
4）10万円を超える国・地方公共団体への税金を現金納付する場合、取
　　引時確認を行う必要がある。

・解説と解答・

　取引時確認事項は、顧客が個人のときは、本人特定事項（氏名・住居・生年
月日）・取引目的・職業であり、顧客が法人のときは、本人特定事項（名称・
本店所在地）・取引目的・事業内容・実質的支配者である（犯罪収益移転防止
法4条1項）。
　犯罪収益移転防止法・同施行令7条に基づき、金融機関が取引時確認を行う
場合として、下記が挙げられる。
①口座開設、貸金庫、保護預り、融資などの取引開始
②200万円を超える現金または持参人払式小切手の入出金、外貨両替
③10万円を超える現金による振込（国や地方公共団体への各種税金、電気・ガ
　ス・水道料金に係る公共料金、学校教育法に規定する小学校、中学校、高等
　学校、大学などの入学金・授業料等を除く）
④10万円を超える持参人払式小切手による現金の受取

1）適切である。
2）適切である。
3）適切である。
4）不適切である。

正解　4）

1-17 犯罪収益移転防止法②

《問》犯罪収益移転防止法上の金融機関が行う「疑わしい取引の届出」に
関する次の記述のうち、最も適切なものはどれか。
1) 普通預金の新規口座開設にあたり、適切に取引時確認を行えば、そ
の後当該口座の取引は、疑わしい取引の届出対象とはならない。
2) 疑わしい取引の届出を行う場合は、個人情報保護の観点から、取引
先に連絡したうえで金融庁に届出を行う必要がある。
3) 夜間金庫への多額の現金の預入れまたは急激な利用額の増加は、疑
わしい取引に該当するおそれがある。
4) 疑わしい取引であると認識し口座開設を断った場合は、届出を行う
必要はない。

・解説と解答・

1) 不適切である。取引時確認を行い普通預金口座を開設した場合でも、後日
疑わしい取引であることが判明した場合は、届出の義務を負う。
2) 不適切である。疑わしい取引の届出を行おうとすること、または行ったこ
とを当該届出に係る顧客またはその関係者に漏らしてはならない（犯罪収
益移転防止法8条3項）。
3) 適切である。現金の使用形態に着目した事例に該当する。なお、選択肢
は、金融庁の「疑わしい取引の参考事例」に掲載されている。そのほか、
多額の現金または小切手により入出金を行う取引（特に、顧客の収入、資
産等に見合わない高額な取引、送金や自己宛小切手によるのが相当と認め
られる場合にもかかわらず敢えて現金による入出金を行う取引）、口座開
設後短期間で多額または頻繁な入出金が行われその後解約または取引が休
止した口座に係る取引、短期間のうちに頻繁に行われる他国への送金で送
金総額が多額にわたる取引などが例示されている。これらの事例は、特に
注意を払うべき取引の類型を例示したものであり、個別具体的な取引が疑
わしい取引に該当するか否かについては、金融機関等において、顧客の属
性、取引時の状況その他保有している当該取引に係る具体的な情報を最新
の内容に保ちながら総合的に勘案して判断する必要がある。
4) 不適切である。取引が成立したことが届出の要件ではない。

正解　3)

1－18　犯罪収益移転防止法③

《問》犯罪収益移転防止法に基づく金融機関が行う「取引時確認」に関する次の記述のうち、最も不適切なものはどれか。

1）顧客の取引時確認を行った場合、金融機関は、取引時確認記録を作成し、当該取引に係る契約が終了した日から7年間保存する。
2）非対面取引において、本人確認書類の写しにより本人特定事項の確認を行う方法としては、あわせて別の本人確認書類や補完書類の写しの送付を受けるとともに、本人確認書類の住所宛に取引関係書類を転送不要の書留郵便等として郵送する方法がある。
3）法人の取引時確認を行う場合、法人を代表して取引を行う担当者の代理権の確認書類として、顔写真付きの社員証が認められる。
4）同一の受取人に対する連続する現金振込について、1回当たりの取引金額を一定の金額以下にするため取引を分割したことが一見して明らかな場合は、全体を1つの取引とみなして取引時確認の要否を判断する。

・解説と解答・

1）適切である（犯罪収益移転防止法6条2項）。
2）適切である。金融機関での非対面取引において、健康保険証等の顔写真のない本人確認書類の写しを使って取引時確認を行う場合、別の本人確認書類の写しや、発行から6カ月以内の公共料金等の領収書等の補完書類の写しまたは原本の送付を受けるとともに、本人確認書類の住所宛に取引関係書類を転送不要の書留郵便等として送付する必要がある（犯罪収益移転防止法施行規則6条1項1号リ）。なお、取引目的の確認は、項目は法定されていないが、申告を受ける方法とされており、具体的には、口頭確認やチェックリストのチェックにより行う。
3）不適切である。法人を代表して取引を行う担当者に対する代理権の確認方法として、2016年の改正犯罪収益移転防止法により当該法人が発行する身分証明書（社員証等）は使用できなくなり、委任状等の取引権限を証する書類や当該法人に電話等で取引権限の有無の確認を行う必要がある。
4）適切である（犯罪収益移転防止法施行令7条3項）。

正解　3）

1－19　犯罪収益移転防止法④

> 《問》犯罪収益移転防止法上の「実質的支配者」およびその確認方法に関する次の記述のうち、最も不適切なものはどれか。
> 1）資本多数決の原則を採る法人において、当該法人の議決権の総数の25％を超える議決権を直接または間接に有している個人・国等がいる場合は、原則として、当該個人・国等が実質的支配者となる。
> 2）資本多数決の原則を採る法人以外の法人において、実質的支配者とは、当該法人を代表する権限を有している者をいう。
> 3）顧客が上場会社である場合は、実質的支配者の確認は不要である。
> 4）確認方法は、通常の取引か、マネー・ローンダリングに利用されるおそれが特に高い取引（ハイリスク取引）かにより異なる。

・解説と解答・

1）適切である。ただし、議決権の総数の25％超を保有する者が、当該法人の事業経営を実質的に支配する意思または能力を有していないことが明らかな場合、または他の自然人が当該法人の議決権の総数の50％を超える議決権を直接もしくは間接に有している場合は除く。

2）不適切である。資本多数決の原則を採る法人以外の法人の場合（一般社団法人・財団法人、学校法人、宗教法人、医療法人、社会福祉法人、特定非営利法人、持分会社（合名会社、合資会社および合同会社）等の場合）には、当該法人の収益配当または財産分配受領権の25％超を保有する個人・国等または出資・融資・取引その他の関係を通じて事業活動に支配的な影響力を有すると認められる個人・国等がいる場合は当該個人・国等が実質的支配者となり、いない場合は当該法人の代表権を有し、その業務を執行する者が実質的支配者となる（犯罪収益移転防止法施行規則11条）。

3）適切である（犯罪収益移転防止法4条1項・5項）。

4）適切である（犯罪収益移転防止法4条1項・2項）。通常の取引の場合は、顧客の代表者等から申告を受ける方法であるが、ハイリスク取引の場合には、法人の区分に応じてそれぞれ犯罪収益移転防止法施行規則14条3項各号に定める書類またはその写しを確認し、かつ顧客の代表者等から申告を受ける方法によることとされている。

正解　2）

1－20　実特法

> 《問》租税条約等の実施に伴う所得税法、法人税法および地方税法の特例
> 　　　等に関する法律（実特法）に基づく新規届出書（以下、「届出書」
> 　　　という）の提出に関する次の記述のうち、最も適切なものはどれ
> 　　　か。
> 　1）新たに預金口座開設を行う際に個人顧客が提出する届出書の記載事
> 　　　項として、氏名、住所、生年月日および口座開設目的があり、金融
> 　　　機関は当該記載事項を運転免許証やパスポート等の本人確認書類で
> 　　　確認する。
> 　2）口座開設を行う顧客の居住地国が特定の外国である場合、金融機関
> 　　　は当該顧客の口座情報を所轄税務署長に報告しなければならない。
> 　3）新たに口座開設を行う顧客が日本国籍を有し、かつ、国内に住所を
> 　　　有する場合は、届出書の提出は不要とされている。
> 　4）新たに口座開設を行う顧客の居住地国が日本である場合、届出書に
> 　　　納税者番号としてマイナンバー（個人番号）を記載しなければなら
> 　　　ない。

・解説と解答・

　外国の金融機関等を利用した国際的な脱税および租税回避に対処するため、2017年1月1日以後、新たに金融機関等に口座開設等を行う者等は、金融機関等へ居住地国名等を記載した届出書の提出が必要となり、国内に所在する金融機関等は、2018年以後、毎年4月30日までに特定の外国の居住者の金融口座情報を所轄税務署長に報告し、報告された金融口座情報は、租税条約等の情報交換規定に基づき、各国税務当局と自動的に交換される。
1）不適切である。個人の氏名、住所および生年月日の確認は、口座開設等を行う際の取引時確認において提出または提示された本人確認書類の内容と合致していることを確認するものとされているが、口座開設目的は記載事項ではない。
2）適切である。なお、所轄税務署長に報告された特定の外国を居住地国とする顧客の口座情報は、租税条約等の情報交換規定に基づき、その外国の税務当局等と自動的に交換される。
3）不適切である。日本国籍を有し、かつ、日本国内に住所を有していても届

出書の提出義務がある。新規届出書は、原則すべての顧客から受け入れることが必要であり、明らかに日本人であり、日本居住者であると判断できる場合であっても、届出書上で居住地国を自己宣誓させることになる。なお、新規届出書または任意届出書を提出した者は、当該届出書に記載された事項のうち特定対象者の居住地国等一定の事項について異動を生じた場合には、その異動を生じた後の当該特定対象者の氏名または名称、住所または本店もしくは主たる事務所の所在地、居住地国等一定の事項を記載した異動届出書を、その異動が生じた日から3月を経過する日までに、これらの届出書を提出した報告金融機関等の営業所等の長に提出する必要がある。

4）不適切である。口座開設を行う顧客の居住地国が外国である場合には、新規届出書にその外国の納税者番号を記載する必要があるが、居住地国が日本である場合、マイナンバー（個人番号）を記載する必要はない。

正解　2）

1－21　預金の払戻し①

> 《問》預金の弁済に関する次の記述のうち、最も不適切なものどれか。
> 1) 債権者の預金口座に対する払込みによって行う弁済は、債権者がその預金に係る債権の債務者に対して、その払込みに係る金額の払戻請求を行う権利を取得した際に効力が生じる。
> 2) 債権の受領権者とは、債権者および法令の規定または当事者の意思表示によって弁済を受領する権限を付与された第三者をいう。
> 3) 受領権者以外の者であっても、取引上の社会通念に照らして受領権者としての外観を有する者に対して行った弁済は、その弁済を行った者が善意かつ無過失の場合は弁済としての効力を有する。
> 4) 預金者が成年被後見人の場合、その成年後見人は取引上の社会通念に照らして、その預金の受領権者としての外観を有する者に該当する。

・解説と解答・

1) 適切である（民法477条）。
2) 適切である（民法478条）。
3) 適切である（民法478条）。例えば、金融機関の窓口において、通帳と印鑑を持参した預金者としての外観を有する者に、預金を払い戻した場合であっても、金融機関が善意・無過失である場合は、当該払戻しは有効となる。
4) 不適切である。成年後見人は成年被後見人の法定代理人として正当な払戻権限を有している（民法859条1項）。

正解　4)

1-22　預金の払戻し②

《問》預金の払戻しに際しての印鑑照合に関する次の記述のうち、最も不適切なものはどれか。

1）金融機関は、印影の照合を相当の注意をもって行い同一の印影であると認めて支払った場合は、通帳を持参して払戻請求を行った相手方が預金者本人でなかったとしても、常に免責される。

2）金融機関は、印影の照合を相当の注意をもって行い同一の印影であると認めて、通帳を持参した者に支払った場合は、その者が預金者本人でなかったとしても、本人であることを疑わせる特別の事情がなければ、免責される。

3）金融機関は、届出印鑑と払戻請求書の印影が同一であったとしても、払戻請求書に記載された氏名が預金者本人以外の者であって、その者に支払った場合には、免責されない可能性がある。

4）金融機関は、通帳を持参していない者からの払戻請求に応じた場合に、その者が預金者以外の者であったときは、払戻請求書の印影を照合し同一印影であることを確認したとしても、免責されない可能性がある。

・解説と解答・

1）不適切である。金融機関が預金者以外の者に預金を支払った場合に注意義務違反の責任を問われないためには、印鑑照合を注意深く行うだけではなく、支払に際して過失がないことが必要である。例えば、明らかに預金者本人または正当な代理権者でないことを推認できるような事情があった場合は、金融機関は免責されない。

2）適切である。印鑑照合に落ち度がなく、預金者本人であることの疑いを抱くべき事情もないので支払に応じた場合、相手方が本人ではなかったとしても、金融機関に過失はなく、預金規定の免責規定が適用される。

3）適切である。

4）適切である。無通帳の払戻請求はそれだけで異例扱いであり、正規の手続を取らなかった金融機関には預金の免責規定の適用はなく、相手方が預金者本人でなかった場合は責任を負うことになる。

正解　1）

1－23　預金の払戻し③

《問》預金の払戻しに関する次の記述のうち、最も不適切なものはどれか。

1) 当座預金が残高不足の場合、同一名義の普通預金があれば、通帳と払戻請求書の提出を省略して、不足金額を普通預金から当座預金に自動的に振替入金できる。

2) 払戻請求書に記入違いがあった場合は、原則として、顧客に新しい払戻請求書に書き直してもらうこととし、とりわけ金額訂正のある払戻請求書は受け入れてはならない。

3) 無通帳支払は、万一預金者以外の者に支払った場合に金融機関は免責されないおそれがあるので、基本的に応じるべきではない。

4) 現金支払において、窓口担当者は、払戻請求書の記載に基づき現金を勘定し、顧客に交付していた番号札と引換えに通帳とともに現金を顧客に渡す。

・解説と解答・

1) 不適切である。普通預金から当座預金へ自動振替する取扱いは、実質的に当座預金に利息を付けることになるため、認められていない。

2) 適切である。

3) 適切である。

4) 適切である。

正解　1)

1 −24 振り込め詐欺救済法①

《問》振り込め詐欺救済法上の「振込利用犯罪行為」に関する次の記述の
うち、最も不適切なものはどれか。
1）架空請求詐欺、融資保証金詐欺、還付金等詐欺で、預金口座等への
振込が利用されたものは、振込利用犯罪行為となる。
2）インターネットのオークションを利用した詐欺で、預金口座等への
振込が利用されたものは、振込利用犯罪行為となる。
3）違法な金融業者（ヤミ金融）で、預金口座等への振込が利用された
ものは、振込利用犯罪行為となる。
4）麻薬や覚せい剤の売買代金について、預金口座等への振込が利用さ
れたものは、振込利用犯罪行為となる。

・解説と解答・

　法律の正式名称は「犯罪利用預金口座等に係る資金による被害回復分配金の
支払等に関する法律」という。この法律では、振り込め詐欺等の被害者に対す
る被害回復分配金の支払手続等を定めている。具体的には、金融機関が振り込
め詐欺等により資金が振り込まれた口座を凍結し、預金保険機構のホームペー
ジで口座名義人の権利を消滅させる公告手続を行った後、被害者から支払申請
を受け付け、被害回復分配金を支払う。被害者の方へ分配される額は、振込先
口座が凍結された時の残高が上限となる。
1）適切である。
2）適切である。
3）適切である。
4）不適切である。振り込め詐欺救済法が適用される犯罪行為（振込利用犯罪
　行為）は、「詐欺その他の人の財産を害する罪の犯罪行為であって、財産
　を得る方法としてその被害を受けた者からの預金口座等への振込みが利用
　されたもの」（振り込め詐欺救済法2条3項）であるため、振り込め詐欺
　救済法が適用される振込利用犯罪行為とはならない。

<u>正解　4）</u>

1 −25　振り込め詐欺救済法②

《問》振り込め詐欺救済法に関する次の記述のうち、最も不適切なものは
　　どれか。
1) 振り込め詐欺救済法は、預金口座等への振込を利用して行われた詐
　　欺等の犯罪行為の被害者に対して、財産的被害の迅速な回復等に資
　　することを目的としている。
2) 金融機関は、当該金融機関の預金口座等について、犯罪利用預金口
　　座等である疑いがあると認めるときは、当該預金口座等に係る取引
　　の停止等の措置を適切に講じるものとされている。
3) 金融機関は、当該金融機関の預金口座等について、犯罪利用預金口
　　座等であると疑うに足りる相当な理由があると認めるときは、警察
　　庁に対し、預金等債権の消滅手続の開始に係る公告を求めなければ
　　ならない。
4) 被害回復分配金の支払を受けようとする者は、原則として支払申請
　　期間内に、所定の事項を記載した申請書に、申請人が被害者等であ
　　ることの基礎となる事実・当該被害額を疎明するに足りる資料を添
　　付して、対象預金口座等に係る金融機関に申請しなければならな
　　い。

・解説と解答・

1) 適切である（振り込め詐欺救済法 1 条）。
2) 適切である（振り込め詐欺救済法 3 条）。
3) 不適切である。金融機関は、預金保険機構に対し、当該預金口座等に係る
　　預金等債権の消滅手続の開始に係る公告を行うことを求めなければならな
　　いことが原則として定められている（振り込め詐欺救済法 4 条、 5 条）。
4) 適切である（振り込め詐欺救済法12条 1 項）。

正解　3)

1-26　金融サービス提供法①

《問》金融サービス提供法の金融商品販売業者等の一般顧客に対する説明
　　義務に関する次の記述のうち、最も不適切なものはどれか。
　1）外貨預金は、為替相場の変動を原因として、元本欠損を生じる可能
　　　性がある旨を説明しなければならない。
　2）投資信託は、組入有価証券等の価格変動に伴い当該投資信託の基準
　　　価額が変動し、元本欠損を生じる可能性がある旨を説明しなければ
　　　ならない。
　3）金融商品販売業者等が顧客に対して重要事項を説明しなかったこと
　　　により生じた損害を賠償する場合、元本欠損額が顧客に生じた損害
　　　の額と推定される。
　4）金融商品販売業者等が顧客に対して過去に同種の内容の金融商品を
　　　販売している場合、重要事項の説明を省略することができる。

・解説と解答・

　金融商品販売業者等は、金融商品の販売等を業として行うときは、当該金融
商品の販売等に係る金融商品の販売が行われるまでの間に、顧客に対し、重要
事項について説明をしなければならず、その説明は、顧客の知識、経験、財産
の状況及び当該金融商品の販売に係る契約を締結する目的に照らして、当該顧
客に理解されるために必要な方法及び程度によるものでなければならない。金
融商品販売業者等は、顧客に対して適合性原則に照らして適切な説明を行って
いない場合は、損害賠償責任を負う。
1）適切である（金融サービス提供法4条）。
2）適切である（金融サービス提供法4条）。
3）適切である（金融サービス提供法7条）。
4）不適切である。過去に同一の金融商品の販売を行ったことをもって、重要
　　事項の説明を省略できる旨の規定は設けられていない。なお、顧客が金融
　　商品の販売等に関する専門的知識及び経験を有する者（特定顧客）である
　　場合、重要事項について説明を要しない旨の顧客の意思の表明があった場
　　合には、金融商品取引業者等の重要事項の説明義務は免除される。

正解　4）

1-27　金融サービス提供法②

《問》「金融サービス提供法」および「銀行法において準用される金融商品取引法」に照らし、投資性の強い預金商品（特定預金等）を販売する際の行為規制に関する次の記述のうち、最も不適切なものはどれか。なお、本問における「顧客」は、一般投資家または一般顧客とする。

1）元本欠損が生ずるおそれがある旨、相場変動等の指標、取引の仕組みのうちの重要な部分および権利行使期間・契約解除期間の制限について、顧客に説明しなければならない。

2）重要事項の説明は、顧客の属性にかかわらず、一般的に理解できる程度の説明および方法で行うこととされている。

3）重要事項の説明にあたっては、顧客に対し「絶対に利益が得られる」、「為替は円安になるので、確実に為替益が得られる」といった断定的判断の提供をしてはならない。

4）顧客へ特定預金等の締結前に契約締結前交付書面を交付し、その記載事項について説明しなければならない。

・解説と解答・

1）適切である。金融機関が特定預金等の投資リスクのある金融商品を販売しようとするときは、販売を行うまでの間に、選択肢の記載事項について説明しなければならない（金融サービス提供法4条1項）。

2）不適切である。重要事項の説明は、顧客の知識、経験、財産の状況および特定預金等の契約を締結する目的に照らして、その顧客に理解されるために必要な方法および程度で行わなければならない（同法4条2項）。

3）適切である。特定預金等の販売が行われる前に、顧客に対し不確実な事項について断定的な判断を提供し、または確実であると誤認させるおそれのあることを告げてはならない（同法5条）。

4）適切である。特定預金等を販売する金融機関は、特定預金等の契約を締結しようとするときは、あらかじめ一定の事項を記載した契約締結前交付書面を交付するとともに（銀行法13条の4、金融商品取引法37条の3第1項）、その記載事項について説明しなければならない。

正解　2）

1−28 金融商品取引法

> 《問》金融商品取引法上の「適合性の原則」の判断根拠として、最も不適
> 切なものはどれか。なお、本問における「顧客」は一般投資家とす
> る。
> 1）顧客の知識
> 2）顧客の経験
> 3）顧客の財産の状況
> 4）顧客の家族構成

・解説と解答・

　金融商品取引法における適合性の原則とは、金融商品取引行為について、顧客の知識、経験、財産の状況および金融商品取引契約を締結する目的に照らして、不適当と認められる勧誘を行って投資者保護に欠ける、または欠けるおそれがないように業務を行う、金融商品取引業者等の義務である（金融商品取引法40条1号）。したがって1）、2）、3）は適切である。4）の家族構成は、妥当性を判断する直接の根拠とはされていない。

　金融商品取引法では、投資家を特定投資家と一般投資家とに区分し、特定投資家は、常に特定投資家として取り扱われる者と、特定投資家であるが一般投資家への移行が可能な者とに分けられる。特定投資家はいわゆるプロの投資家として、金融商品に対する十分な知識、経験や、財産、リスク管理能力等を有していると考えられることなどから、金融商品取引業者が特定投資家向けに金融商品の販売・勧誘等を行う際には、不招請勧誘、適合性の原則等、契約締結前・契約締結時の書面の交付義務など、行為規制の一部が適用除外とされる。

　金融商品取引業者等が適合性の原則から逸脱した勧誘・販売を行った場合、民法の不法行為責任を負ったり、行政処分の対象となることがある。

　また、金融商品取引業者等向けの総合的な監督指針Ⅲ−2−3−1では、顧客の投資目的、投資経験等の顧客属性等を適時適切に把握するための顧客カード等については、顧客の投資目的を十分確認して作成し、顧客カード等に登録された顧客の投資目的を金融商品取引業者と顧客の双方で共有することが求められる。

正解　4）

1-29　障害者等の利子非課税制度

《問》障害者等のマル優および障害者等の特別マル優に関する次の記述のうち、最も不適切なものはどれか。

1）障害者等の特別マル優は、国債および公募地方債を対象とし、1人につき額面合計額350万円を限度としてその利子を非課税とする制度である。

2）日本国内に居住する個人で、身体障害者手帳の交付を受けている者は、障害者等のマル優および障害者等の特別マル優の適用を受けることができる。

3）障害者等のマル優の対象となる金融商品は、預貯金、特定公募公社債等運用投資信託および、定期積金や抵当証券等の金融類似商品である。

4）障害者等のマル優を利用するためには、最初の預入等を行う日までに、「非課税貯蓄申告書」を金融機関の営業所等を経由して、利用者の住所地を管轄する税務署長に提出する必要がある。

・解説と解答・

1）適切である。

2）適切である。このほか、遺族基礎年金や遺族厚生年金などの遺族年金を受けている妻、寡婦年金受給者、療育手帳および精神障害者保健福祉手帳の交付を受けている者などが当該制度の適用を受けることができる。

3）不適切である。障害者等のマル優の対象となる金融商品は、預貯金、合同運用信託、特定公募公社債等運用投資信託および一定の有価証券である。

4）適切である。当該制度を利用するためには、最初の預入等をする日までに「非課税貯蓄申告書」を金融機関の営業所等を経由して税務署長に提出するとともに、原則として、預入等の都度「非課税貯蓄申込書」を金融機関の営業所等に提出しなければならない。

正解　3）

1−30 利子課税制度

《問》個人が受け取る利子等に係る税金に関する次の記述のうち、最も適切なものはどれか。
1) 外貨定期預金の利子は、所得税法上の雑所得に該当する。
2) 外貨預金（為替予約なし）の為替差損は、総合課税される他の黒字の雑所得があれば、その金額との通算はできるが、通算してもなお控除しきれない損失の金額は、他の所得区分と損益通算することはできない。
3) 勤労者財産形成年金貯蓄は、勤労者財産形成住宅貯蓄と合わせて750万円まで、積立期間中の利子のほか、退職後の年金支払期間中に生じる利子についても、所得税および住民税が非課税扱いとされる。
4) 個人向け国債の利子は、所得税法上の配当所得に該当する。

・解説と解答・

1) 不適切である。外貨預金の利子は、通常の預貯金の利子と同様、利子所得に該当し、原則として源泉分離課税の対象となる（所得税法23条、35条）。
2) 適切である（所得税法35条、69条）。
3) 不適切である。勤労者財産形成年金貯蓄は、勤労者財産形成住宅貯蓄と合わせて元利合計550万円まで、積立期間中および据置期間中の利子のほか、退職後の年金支払期間中に生じる利子についても、所得税および住民税が非課税扱いとされる。
4) 不適切である。公社債（国債、地方債、政府保証債等）の利子は、所得税法上の利子所得に該当する（所得税法23条）。

正解　2)

1-31　財形貯蓄制度①

《問》勤労者財産形成年金貯蓄（以下、「財形年金貯蓄」という）に関する次の記述のうち、最も不適切なものはどれか。
1）預入れは、給与天引き・払込代行の方法により、5年以上の期間にわたって一定の時期に定期的に行われるものでなければならない。
2）年金の支払は、年金支払開始日以後に、5年以上20年以内の期間にわたって定期的に行われるものでなければならない。
3）財形年金貯蓄は、金融機関ごとに1人1契約とされている。
4）財形年金貯蓄が積立期間中に目的外に払出しされた場合には、その事実が生じた日前5年内に支払われた利子について遡及して課税される。

・解説と解答・

　財形年金預金制度は、わが国では高齢化が急速に進展しているため、勤労者がその在職中からの自助努力によって計画的・継続的に貯蓄を行い、安定した老後生活の実現を図ることを目的としている。
1）適切である。
2）適切である。60歳に達した日以後あらかじめ契約で定めた日から5年以上20年以内の期間、年金として受け取る。
3）不適切である。財形年金貯蓄は1人1契約とされている。
4）適切である。財形年金貯蓄の目的外払戻しは、その事実が生じた日前5年以内に支払われた利子等について20.315％（所得税および特別復興所得税15.315％、地方税5％）の税率で遡及して課税される。

正解　3）

1－32　財形貯蓄制度②

《問》勤労者財産形成貯蓄制度（財形制度）に関する次の記述のうち、最も不適切なものはどれか。

1）会社員、公務員、公共事業体の職員、商店の店員など事業主に雇用されている人は、加入することができる。
2）会社の代表権や業務執行権を持っている役員は、原則として加入することができる。
3）勤労者財産形成住宅貯蓄を契約できるのは、満55歳未満の人に限られるが、勤労者財産形成貯蓄（一般財形）の契約には年齢制限がない。
4）原則として、勤労者財産形成貯蓄（一般財形）は3年以上、勤労者財産形成年金貯蓄および勤労者財産形成住宅貯蓄は5年以上の期間にわたって、定期的に積み立てなければならない。

・解説と解答・

　勤労者財産形成貯蓄制度（財形制度）とは、勤労者の貯蓄の優遇と持家の取得ならびに年金資産の保有促進を援助することを目的とした制度である。
1）適切である。
2）不適切である。原則として加入することはできない。ただし、役員であっても、代表権・業務執行権を持たず、部長職等の職務を兼務し、役員報酬とは別に、賃金として給与が支払われる場合には、勤労者性が認められ、賃金の範囲内で財形貯蓄を継続できることがある。
3）適切である。
4）適切である。

正解　2）

1-33　財形貯蓄制度③

《問》勤労者財産形成住宅貯蓄（以下、「財形住宅貯蓄」という）に関する次の記述のうち、最も不適切なものはどれか。

1) 財形住宅貯蓄は、契約時に積立期間を5年以上と定め、定期的に積立てを行うことが要件の1つだが、所定の住宅取得等のためなら5年以内に払戻すことも認められている。
2) 財形住宅貯蓄はすべての金融機関を通じて1人1契約に限られる。
3) 財形年金貯蓄と財形住宅貯蓄あわせて元利合計500万円から生ずる利子等が非課税とされる。
4) 財形住宅貯蓄を契約できるのは、原則として国内に住所を有する年齢55歳（契約締結時の年齢）未満の勤労者で、勤務先に「給与所得者の扶養控除等申告書」を提出している人に限られる。

・解説と解答・

1) 適切である。なお、住宅の取得とは、住宅の新築・購入・中古住宅（木造の場合は築後20年以内、耐火構造等の場合は25年以内）の購入、および増改築等で、取得後の床面積が50㎡以上（新築または建築後未使用の住宅で2023年12月31日までに建築確認を受けたものは40㎡以上）のものをいう。土地のみの取得等は含まれない。
2) 適切である。
3) 不適切である。財形年金貯蓄と財形住宅貯蓄あわせて元利合計550万円（財形年金貯蓄のうち、郵便貯金、生命保険または損害保険の保険料、生命共済の共済掛金、簡易保険の掛金等に係るものにあっては払込ベースで385万円）から生ずる利子等が非課税とされる。
4) 適切である。

正解　3)

1-34　守秘義務

> **《問》金融機関の守秘義務（秘密保持義務）に関する次の記述のうち、最も不適切なものはどれか。**
> 1）税務署の税務調査に応じ、顧客の承諾を得ずに取引履歴の開示をしても、守秘義務違反とはならない。
> 2）訴訟等において、金融機関が自らの権利を守るために必要な場合には、守秘義務は免除される。
> 3）守秘義務は単なる道徳的義務ではなく法的義務とされているため、金融機関が守秘義務に反する行為を行った場合には、顧客に対して損害賠償責任を負うことがある。
> 4）弁護士法23条の2に則った弁護士からの照会に対して「取引先の承諾を得られない」として照会に回答しなかった場合、金融機関は刑事罰を受ける。

・解説と解答・

　銀行の守秘義務について、法律上の明文規定はないが、最高裁は、「銀行は、顧客との取引内容に関する情報や顧客との取引に関して得た顧客の信用にかかわる情報などの顧客情報をみだりに外部に漏らすことは許されない」（最決平19.12.11民集61⑨3364）とし、商慣習または契約に基づく義務であるとしている。

1）適切である。なお、任意調査の場合、顧客以外の者についての一般的な質問検査については、原則として回答する義務はない。
2）適切である。
3）適切である。
4）不適切である。弁護士法では第三者に個人情報の提供を求めることができる旨の規定はあるが、正当な事由があればそれに応じなくともよい。また、上記照会は、私人間の争いに関してなされることが多く、私人間の争いに金融機関が巻き込まれる可能性があると判断されるような場合は「取引先の同意が得られないので回答できない」と回答しても、金融機関は刑事罰に問われることはない。

正解　4）

1-35　個人情報保護法

> 《問》個人情報保護法に関する次の記述のうち、最も不適切なものはどれ
> か。
> 1）指紋や顔、目の虹彩、掌紋などを利用した特定の個人を識別する認
> 　証データは、個人識別符号に該当する。
> 2）法人や団体そのものに関する情報は個人情報に該当しないが、法人
> 　の代表取締役など個人に関する情報は、当該役員の個人情報に該当
> 　する。
> 3）旅券番号、運転免許証番号、住民票コード、マイナンバー（個人番
> 　号）は、個人識別符号に該当する。
> 4）警察や税務署から法令に基づいた調査・照会があった場合には、本
> 　人の同意を得て回答しなければ個人情報保護法に違反する。

・解説と解答・

1）適切である。個人情報とは、生存する個人に関する情報であって、当該情
　報に含まれる氏名、生年月日その他の記述等により特定個人を識別するこ
　とができるものまたは個人識別符号を含むものをいう（個人情報保護法2
　条1項1号・2号）。
2）適切である（個人情報保護法ガイドライン（通則編）2-1※3））。
3）適切である（個人情報保護法2条1項2号、同条2項、同法施行令1条2
　号・4号・5号・6号）。
4）不適切である。警察や検察等の捜査機関からの照会（刑事訴訟法197条）、
　検察官および裁判官等からの裁判の執行に関する照会（同法507条）、税務
　署の税務調査（国税徴収法141条）に対する回答は、法令に基づく場合に
　該当し、これらの照会に応じて個人情報を提供する際に本人の同意を得る
　必要はない。要配慮個人情報を提供する際も同様である。

正解　4）

1－36 番号法

> 《問》番号法に基づく個人番号（マイナンバー）の取扱いに関する次の記述のうち、最も不適切なものはどれか。
> 1）金融機関へのマイナンバーの届出は、本人のほか、本人の法定代理人や任意代理人も行うことができる。
> 2）顧客が障害者等のマル優の適用を受けるための非課税貯蓄申込書には、マイナンバーを記載する必要がある。
> 3）金融機関は、金融業務に関連して、顧客管理のために法人番号を利用することができる。
> 4）在留カードを持つ中長期在留の外国籍の者は、国内に住民票があればマイナンバー制度の対象となる。

・解説と解答・

1）適切である。番号法19条3号により、本人またはその代理人は、個人番号利用事務等実施者に対し、当該本人の個人番号を含む特定個人情報を提供することができるとされており、代理人については、法定代理人と任意代理人の区別は設けられていない。

2）不適切である。障害者等の少額預金の利子所得等の非課税制度（障害者等のマル優）の非課税貯蓄申告書にはマイナンバー（個人番号）の記載が必要であるが、非課税貯蓄申込書への記載は不要とされている。

3）適切である。番号法に基づき法人には1法人1つの法人番号（13桁）が指定され、対象の法人へ通知した後に、商号または名称、本店または主たる事務所の所在地とともに公表されている。金融機関がマイナンバーを利用することができる個人番号関係事務の範囲は限定されているが、法人番号はマイナンバーと異なり自由に利用することができる。

4）適切である。

正解 2）

1 −37　預金者の保護①

《問》盗難キャッシュカードによる不正払戻しによる被害について、金融
　　機関による預金者への補償に関する次の記述のうち、最も不適切な
　　ものはどれか。なお、金融機関は善意・無過失であるものとする。
　1）預金者への補償額は、預金者に過失（重大な過失を除く）が認めら
　　　れるときは、補填対象額の75％に減額される。
　2）預金者と同居する親族、同居人または家事使用人によって払戻しが
　　　行われ、そのことを金融機関が証明した場合は、補償されない。
　3）預金者が盗難に遭ったカードの表面に暗証番号を書いていた場合に
　　　は、預金者に重大な過失があったものとして補償されない。
　4）預金者が補填対象額の全額補償を受けるためには、預金者に過失が
　　　なかったことを預金者が立証しなければならない。

・解説と解答・

　預貯金者は、金融機関が払戻しに関して善意無過失であっても、盗難被害を
推認させる3つの事実（①盗取されたと認めた後、速やかに、金融機関に対し
て盗難被害の通知をしたこと、②当該金融機関の求めに応じ、遅滞なく、金融
機関に対して盗難被害の事情説明をしたこと、③金融機関に対して、捜査機関
に対する被害届の提出等の事実を示したこと）を主張立証すれば、盗難通知の
日から遡って30日以内の補填対象額を補填するよう請求することができる（預
金者保護法5条1項）。
　ただし、当該金融機関が、払戻しが盗難カード等を用いて不正に行われたこ
とについて善意でかつ過失がないことおよび当該払戻しが預貯金者の過失（重
大な過失を除く）により行われたことを証明した場合は、その補填を行わなけ
ればならない金額は、補填対象額の75％とされる（預金者保護法5条2項）。
　補填の求めを受けた金融機関は、補填の求めに係る払戻しが盗難カード等を
用いて不正に行われたことについて金融機関が善意でかつ過失がないことおよ
び所定の事項（①当該払戻しが預貯金者の重大な過失により行われたこと、②
払戻しが当該預貯金者の配偶者、2親等内の親族、同居の親族その他の同居人
または家事使用人によって行われたこと、③預貯金者が、金融機関に対する説
明において重要な事項について偽りの説明を行ったこと）を証明した場合に
は、補填を行うことを要しない（預金者保護法5条3項）。

1）適切である。盗難キャッシュカード被害の補償額は、預金者無過失の場合は被害額100％、過失（重大な過失を除く）の場合は75％、重過失の場合は0％である。

2）適切である。預金者の同居の親族その他の同居人または家事使用人によって払戻しが行われたことを金融機関が証明した場合は、補償されない。

3）適切である。預金者に記述のようなケースや、暗証番号を他人に知らせる、カードを安易に他人に渡す等の重過失がある場合は補償がされない。

4）不適切である。預金者に過失があることの立証責任は金融機関に課されており、預金者は自己の無過失の立証を要しない。

正解　4）

1 - 38　預金者の保護②

《問》盗難通帳・インターネットバンキングによる不正払戻しによる被害について、金融機関による預金者への補償に関する次の記述のうち、最も不適切なものはどれか。なお、金融機関は善意・無過失であるものとする。

1 ）預金者が他人に記入・押印済みの払戻請求書、諸届を渡した場合は、重大な過失といえる。
2 ）届出印の印影が押印された払戻請求書、諸届を通帳とともに保管していた場合は、重大な過失といえる。
3 ）印章を通帳とともに保管していた場合は、軽度の過失といえる。
4 ）インターネットバンキングにおいては、ウイルスチェック、ワンタイムパスワードの利用等セキュリティ対応状況により、補償額が個別判断される。

・解説と解答・

　全国銀行協会は預金者保護法の趣旨を踏まえ、協会員に対し盗難通帳被害とインターネットバンキングにおける犯罪被害の補償に関して申合せを行った。
　預金者が無過失であれば、金融機関に過失がなくとも当該払戻しの額およびこれにかかる手数料・利息に相当する金額の補償を請求することができる。インターネットバンキング被害で預金者に過失あるいは重過失がある場合は個別対応することとされている。
1 ）適切である。全国銀行協会等が公表している預金者の「重大な過失または過失になりうる場合」では、典型的には(1)預金者が他人に通帳を渡した場合、(2)預金者が他人に記入・押印済みの払戻請求書、諸届を渡した場合、および(3)その他預金者に(1)および(2)の場合と同程度の著しい注意義務違反があると認められる場合が重大な過失とされる。
2 ）不適切である。軽度の過失となる。
3 ）適切である。
4 ）適切である。

正解　2 ）

	盗難通帳	インターネット・バンキング（モバイル・バンキング等を含む）
1．補償対象	個人顧客	
2．補償要件	・金融機関への速やかな通知 ・金融機関への十分な説明	
	捜査当局への盗取の届出	捜査当局への被害事実などの事情説明 （真摯な協力）
3．補償基準	預金者無過失：全額補償	
	預金者過失あり：75％補償	預金者過失あり・重過失：個別対応 （補償を行う際には、被害に遭った顧客の態様やその状況等を加味して判断する）
	預金者重過失：補償なし	

第2章

各種預金等

2－1　普通預金取引①

《問》普通預金取引の停止または預金口座の解約に関する次の記述のうち、最も不適切なものはどれか。
1）金融機関は、預金口座が架空名義だと判明した場合、預金取引を停止することができる。
2）金融機関が、通知により預金口座の解約を行う場合、預金者が当該通知を受け取った時点で解約されたものとする。
3）金融機関は、預金口座が名義人の意思によらずに開設されたものであることが判明した場合、通知により預金口座を解約することができる。
4）金融機関は、預金者が金融機関の承諾を得ずに預金口座を譲渡し、預金債権を質入れし、その他第三者の権利を設定したことが明らかになった場合、預金取引を停止することができる。

・解説と解答・

1）適切である（全国銀行協会「普通預金規定（個人用）［参考例］」11(2)①）。
2）不適切である。通知により解約する場合、到達のいかんにかかわらず、解約の通知を届出のあった氏名、住所宛に発信した時に解約されたものとする（全国銀行協会「普通預金規定（個人用）［参考例］」11(2)）。
3）適切である。預金口座の名義人が存在しないことが明らかになった場合または預金口座の名義人の意思によらずに開設されたことが明らかになった場合は、金融機関は預金取引を停止し、または預金者に通知することにより、預金口座を解約することができる。（全国銀行協会「普通預金規定（個人用）［参考例］」11(2)①）。
4）適切である。金融機関の承諾を得ずに、預金や預金契約上の地位その他この取引に係るいっさいの権利および通帳は、譲渡、質入れその他第三者の権利を設定すること、または第三者に利用させることが禁止されており、違反が判明した場合、金融機関は預金取引の停止または預金口座の解約を行うことができる（全国銀行協会「普通預金規定（個人用）［参考例］」10(1)、11(2)②）。

正解　2）

2－2　普通預金取引②

> 《問》普通預金の法的性質、振込の組戻し、解約等に関する次の記述のうち、最も不適切なものはどれか。
> 1）普通預金は要求払預金であり、その法的性質は、返還時期の定めのない金銭の消費寄託契約とされている。
> 2）受領権者らしい外観を有する者に対し善意・無過失で預金の払戻しをした場合、その払戻しは有効であり、金融機関は免責される。
> 3）普通預金口座への振込について、被仕向金融機関が振込金を指定された受取人の預金口座に入金記帳した場合には、当該振込が仕向金融機関から重複発信等の誤発信による振込であっても、被仕向金融機関は受取人の同意なく振込の取消しに応じることはできない。
> 4）普通預金への振込について、仕向金融機関が行う振込の取消依頼電文の送信は、誤った振込通知の発信日の翌営業日まで認められている。

・解説と解答・

1）適切である。預金は、金融機関が預金者から預けられた金銭を保管し、その金銭そのものは消費しても同種、同等、同量の物を返還すればよいとする消費寄託契約である（民法666条）。

2）適切である。民法478条は「受領権者以外の者であって取引上の社会通念に照らして受領権者としての外観を有する者に対してした弁済は、その弁済をした者が善意であり、かつ過失がなかった時に限り、その効力を有する。」と定めており、金融機関が善意・無過失で預金の払戻しをした場合に限り、弁済は有効とされ免責される。

3）不適切である。普通預金への振込について、振込通知を発信した仕向金融機関から重複発信等の誤発信による取消通知があった場合には、預金者の同意を得ることなく振込金の入金記帳を取り消してよいとされている（全国銀行協会「普通預金規定（個人用）［参考例］」3(2)、内国為替取扱規則）。

4）適切である（内国為替取扱規則）。

正解　3）

2－3　預金口座振替

> 《問》預金口座振替に関する次の記述のうち、最も不適切なものはどれ
> 　か。
> 　1）預金口座振替は、金融機関と預金者および収納企業の三者における
> 　　　各当事者間の契約に基づいており、公共料金の支払等に利用され
> 　　　る。
> 　2）預金口座振替を行う預金種類は、決済機能を持つ、普通預金や当座
> 　　　預金が適している。
> 　3）預金残高が収納企業からの請求額に満たない場合は、金融機関は預
> 　　　金者に対して連絡し、入金するよう督促する。
> 　4）預金者は、口座振替の都度、払戻請求書や小切手を金融機関に提出
> 　　　する必要はない。

●解説と解答●

　預金口座振替は、金融機関・収納企業間における料金等の収納事務を委託する旨の委任契約、金融機関・預金者間における料金等の支払を委託する旨の委任契約、および収納企業・契約者（＝預金者）間における料金等の支払を預金口座振替により行う旨の合意から成り立っている。金融機関は、収納企業との間で預金口座振替契約を締結するとともに、預金口座振替を希望する預金者から預金口座振替依頼書によりその依頼を受ける。

　預金口座としては、普通預金、当座預金が多く利用されているが、税金の振替については納税準備預金等も可能である。

1）適切である。
2）適切である。
3）不適切である。預金残高が請求額に満たない場合、原則として督促はせず、請求書の引落不能事由欄の該当事由を表示して収納企業に返戻する。
4）適切である。

正解　3）

2－4　総合口座取引①

《問》総合口座取引に関する次の記述のうち、最も不適切なものはどれか。

1）総合口座の開設は、一金融機関ごとに 1 人 1 口座とされている。
2）貸越金の担保となる期日指定定期預金および自由金利定期預金は、自動継続扱いでなくてもよい。
3）定期預金の預入れをせず、普通預金のみで総合口座を開設することができる。
4）1 つの総合口座において、貸越金の担保となる定期預金の名義と普通預金の名義は同一でなければならない。

・解説と解答・

1）適切である。各金融機関は、貸越金額に任意の最高限度額を設けていることから、通常その内規において、1 人 1 口座との制限を行っている。したがって、同一金融機関においては 1 人が複数の口座を開設することはできない。

2）不適切である。貸越金の担保となる定期預金としては、期日指定定期預金、自由金利定期預金および変動金利定期預金も認められているが、いずれも、①名義が普通預金の名義と同一であること、および②自動継続扱いであること（総合口座取引規定［定期預金等の自動継続］(1)）を必要とする。

3）適切である。総合口座の開設にあたって定期預金の預入れは要件ではなく、普通預金取引だけでも利用することができる（総合口座取引規定［総合口座取引］(2)）。

4）適切である。上記解説 2）参照。

正解　2）

2−5　総合口座取引②

《問》総合口座取引に関する次の記述のうち、最も適切なものはどれか。
1）未成年者は、法定代理人の同意を得ずに、貸越取引ができる総合口座取引を行うことができる。
2）担保になる定期預金の名義は、親族のものであれば、総合口座取引の名義と異なってもさしつかえない。
3）貸越残高があるときに普通預金に預入れがあった場合には、自動的に貸越金の返済に充当される。
4）貸越のある状態で普通預金への入金があった場合や、普通預金から払戻しをした結果貸越となった場合には、その都度振替伝票を作成する。

・解説と解答・

1）不適切である。未成年者は行為能力に制限があるため、原則として、貸越取引が利用できる総合口座を開設することができないとされている。
2）不適切である。総合口座は、個人の家計取引における決済機能の利便性を追求したマス商品であり、手続面においても単純化されている。したがって、このような口座に第三者名義の定期預金を受け入れると、第三者による担保差入れの手続が必要となり、複雑なものとなるので、定期預金の名義は、総合口座取引の名義と同一名義でなければならない。
3）適切である。総合口座取引では、残高が払戻請求または公共料金等の口座振替の支払額に不足するときは、その不足相当額の貸越が自動的に実行されて支払が行われ、またその逆に、貸越残高があるときに普通預金に預入れが行われたときは自動的に貸越金の返済に充てられる（総合口座取引規定［当座貸越］(3)）。
4）不適切である。自動処理を特徴としている。

正解　3）

2－6　総合口座取引③

《問》総合口座取引の取引先に関する次の記述のうち、最も適切なものは
どれか。
1）営業を許された未成年者であっても、法定代理人の同意を得なけれ
ば、総合口座取引を行うことはできない。
2）個人事業主は事業資金の出し入れを目的として、総合口座取引を行
うことはできない。
3）権利能力なき社団は、総合口座取引を行うことはできない。
4）電子交換所規則による取引停止処分を受けた個人は、総合口座取引
を行うことはできない。

・解説と解答・

1）不適切である。総合口座取引は普通預金、定期預金、国債等公共債保護預
り、および受け入れた定期預金等を担保とする貸越を組み合わせた個人専
用商品であることから、行為能力に制限のある未成年者とは法定代理人の
同意がなければ、当該取引を行えないとされている。営業を許された未成
年者については、その営業に関しては成年者と同一の行為能力を有すると
されるから（民法6条1項）、法定代理人の同意を得ることなく、総合口
座取引を行うことができる。
2）不適切である。総合口座取引における貸越には資金使途の制限はないた
め、個人事業主が事業資金の出し入れに利用することができる。
3）適切である。権利能力なき社団は、法人格を有しないが、社団としての実
体があるものであることから、個人専用商品である総合口座の開設はでき
ない。
4）不適切である。総合口座における貸越は、電子交換所規則による取引停止
処分を受けた際に参加金融機関が取引停止処分日から2年間行うことがで
きないとされる貸出には含まれないため、取引停止処分を受けた個人で
あっても総合口座取引を行うことができる。

正解　3）

2－7 総合口座取引④

《問》総合口座の貸越取引に関する次の記述のうち、最も不適切なものは
どれか。
1）定期預金を担保とする貸越利率と国債を担保とする貸越利率が同一
の場合、先に定期預金を担保とする。
2）貸越利率が同一となる定期預金が数口ある場合、預入日の遅いもの
から順に担保とする。
3）貸付利率が同一となる国債が数種ある場合、割引国債、利付国債、
政府保証債、地方債の順に担保とする。
4）書換継続・新規預入によって担保となる定期預金等の利率が変動し
た場合、担保の順序は見直される。

・解説と解答・

　総合口座の貸越限度額は、一般に、総合口座の定期預金等（積立型預金を含
む）の合計残高の90％の金額（最高200万円）と総合口座で管理している国債
等のうち、利付国債、政府保証債、地方債の額面合計額の80％と割引国債の額
面合計額の60％との合計額（最高200万円）を合計した額とされている。定期
預金等または国債等があるときの担保の順序については、貸越利率の低いもの
から順次担保とされ、貸越利率が同一のものがある場合は、定期預金等、国債
等の順に、さらに貸越利率が同一となる定期預金等が数口ある場合には、預入
日（継続をしたときはその継続日）の早い順に、同様に国債等が数種ある場合
は、割引国債、利付国債、政府保証債、地方債の順に担保とされる。なお同種
の国債等が数口ある場合には、償還期日の早い順、償還期日が同じ場合には取
扱番号の若い順となる。書換継続・新規預入によって定期預金等の利率に変化
が生じた場合には、担保の順序が見直される。
1）適切である（総合口座取引規定［貸越金の担保］(2)①）。
2）不適切である（総合口座取引規定［貸越金の担保］(2)②）。
3）適切である（総合口座取引規定［貸越金の担保］(2)③）。
4）適切である。

正解　2）

2−8　総合口座取引⑤

> **《問》** 総合口座取引における貸越元利金について、金融機関の請求による
> 即時支払事由に関する次の記述のうち、最も適切なものはどれか。
> 1）支払の停止または破産、民事再生法に基づく再生手続開始の申立て
> 　は、金融機関の請求による即時支払事由に該当する。
> 2）相続の開始は、金融機関の請求による即時支払事由に該当する。
> 3）貸越金利息の組入れにより極度額を超えたまま6カ月を経過したと
> 　きは、金融機関の請求による即時支払事由に該当する。
> 4）金融機関に対する債務の1つでも返済が遅れているときは、金融機
> 　関の請求による即時支払事由に該当する。

・解説と解答・

　貸越元利金の即時支払事由には、①金融機関からの請求等を要しないもの
と、②要するものがある。

区分	事由
①	支払の停止または破産、民事再生手続開始の申立があったとき
	相続の開始があったとき
	貸越金利息の組入れにより極度額を超えたまま6カ月を経過したとき
	住所変更の届出を怠るなどにより、所在が明らかでなくなったとき
②	金融機関に対する債務の一つでも返済が遅れているとき
	その他債権の保全を必要とする相当の事由が生じたとき

1）不適切である。金融機関からの請求等の手続を要せず、取引先が当然、即
　時支払をしなければならない事由に該当する（総合口座取引規定［即時支
　払い］(1)）。
2）不適切である。上記解説1）参照。
3）不適切である。上記解説1）参照。
4）適切である（総合口座取引規定［即時支払い］(2)）。

正解　4）

2－9　総合口座取引⑥

《問》総合口座取引の解約に関する次の記述のうち、最も不適切なものは
どれか。
1）預金者は、貸越元利金がある状態のままでも普通預金契約を解約す
ることができる。
2）担保となる定期預金等を全部解約したときは、貸越金の利息を同時
に支払わなければならない。
3）取引先に即時支払をしなければならない事由が生じた場合には、金
融機関は貸越契約を中止または解約することがある。
4）普通預金契約が解約されたときは、総合口座取引契約は終了する。

・解説と解答・

1）不適切である。貸越元利金（貸越金＋貸越金利息）がある場合には、それ
らを清算した後でないと解約することはできない。
2）適切である（総合口座取引規定〔貸越金利息等〕(1)③）。
3）適切である。総合口座取引には期限の定めはないが、取引先が貸越金につ
いて当然にまたは請求によって即時支払をしなければならない事由が生じ
た場合には、金融機関は貸越契約を中止または解約することがある（総合
口座取引規定〔解約等〕(2)）。
4）適切である。普通預金契約が解約されると、貸越金の返済方法がなくなる
ので総合口座取引契約は終了する（総合口座取引規定〔解約等〕(1)）。

<u>正解　1）</u>

2－10　定期預金取引①

《問》金融機関が定期預金の中途解約に応じる際の確認事項に関する次の
　　記述のうち、最も不適切なものはどれか。
　1）中途解約の理由については、金融機関側からは確認する必要はな
　　　い。
　2）定期預金証書または通帳および払戻請求書の提出を受けるととも
　　　に、証書または払戻請求書に記載された預金者の住所・氏名および
　　　これに押捺された印影が、届出のものと合致していることを確認す
　　　る必要がある。
　3）定期預金に関する紛失や盗難等の事故届出の有無を確認する必要が
　　　ある。
　4）中途解約を行う場合、中途解約利率により利息計算が行われること
　　　を預金者に説明する必要がある。

・解説と解答・

　定期預金の中途解約については、相当の注意義務をもって当該申出者が正当
な権利者であることの確認をする必要がある。中途解約の場合にも民法478条
や免責約款の適用はあるが、この場合の注意義務の程度は、満期日が到来した
定期預金払戻しの場合よりも加重されるものと考えられている。
　1）不適切である。判例では、定期預金の中途解約における金融機関の注意
義務は満期日到来後における払戻しに比べ、加重されると解している。特に申
出者が真実の権利者であることを確認するためにも、中途解約に応じようとす
るときは、中途解約の理由が納得できるものであることなども確認する必要が
あるとされている。
2）適切である。
3）適切である。
4）適切である。

正解　1）

2-11　定期預金取引②

《問》定期預金に関する次の記述のうち、最も適切なものはどれか。
1）定期預金契約の法的性質は、消費寄託契約といえる。
2）定期預金は預入の都度1口ごとに個別の預金債権となるものではなく、普通預金のように預入の都度、前の債権と合わせて1つの債権となる。
3）5月31日に預け入れた期間6カ月の自動継続定期預金の満期日は、11月30日となり、次の満期日は翌年の5月31日となる。
4）定期預金の満期日到来後に書替継続する場合、期限後利息を支払う代わりに満期日に遡り書替継続されたものとして取り扱う。

・解説と解答・

1）適切である。
2）不適切である。定期預金は預入の都度1口ごとに個別の預金となるものであり、普通預金のように預金残高が増減するものとは異なる。
3）不適切である。定期預金の満期日は預入れをした月から暦に従って月数を数え、最後の月における預入日に応当する日としている。預入日に応当する日がないときは、その月の末日を満期日とするので最初の満期日は11月30日であるが、次の満期日は翌年の5月30日となる。この満期日の定め方は、民法上の期間計算とは異なるが、金融機関での商慣習となっている。
4）不適切である。定期預金の満期日到来後に書替継続する場合は、書替手続を行った日が預入日となる。定期預金の満期日から書替日の前日までの期間については書替継続日における普通預金利率による期限後利息を支払う。

正解　1）

2－12 変動金利定期預金

《問》変動金利定期預金に関する次の記述のうち、最も適切なものはどれ
か。
1）中途解約を行う場合、預入時の利率が解約時の利率として適用され
る。
2）総合口座の担保とすることはいっさいできない。
3）適用金利は一定期間ごとに変更されるため、預入時には満期日まで
の受取金利が確定しない。
4）障害者等のマル優の適用の対象外である。

・解説と解答・

　変動金利定期預金は、預け入れた時点の金利がそのまま満期日まで適用され
る固定金利とは異なり、適用金利が一定期間（通常 6 カ月）ごとに変更され
る。満期までの期間中に、金利が上昇すれば、固定金利の商品よりも有利に運
用することができるが、反対に金利が低下したときには固定金利商品より不利
になる。
1）不適切である。預入期間と約定期間に応じた中途（期日前）解約利率が適
用される。
2）不適切である。自動継続式のものについては総合口座の担保とすることが
できる。
3）適切である。金利は、一般に 6 カ月ごとに変動する。
4）不適切である。変動金利定期預金は、障害者等のマル優の対象である。

<u>正解　3）</u>

2−13　各種定期預金①

《問》各種定期預金の一般的な特徴に関する次の記述のうち、最も適切な
ものはどれか。
1）期日指定定期預金の利息は、半年に1回支払われる。
2）複利型スーパー定期の販売対象は個人のみで、法人からは受け入れ
　ることはできない。
3）大口定期預金の中途解約利率は、解約日における普通預金利率とす
　るのが一般的である。
4）大口定期預金の預入金額は、500万円以上1,000円単位である。

・解説と解答・

1）不適切である。利息は元本の払戻し時に一括計算して支払うという預入元
　本方式が採用されている。中間利払いはない。
2）適切である。なお、単利型スーパー定期は個人、法人の区別なく受け入れ
　られる。
3）不適切である。預入期間ごとに定めた中途解約利率とするのが一般的であ
　る。
4）不適切である。大口定期預金の預入金額は、1,000万円以上1円単位となっ
　ている。

正解　2）

2 －14　各種定期預金②

> 《問》各種定期預金の一般的な特徴に関する次の記述のうち、最も不適切
> 　　　なものはどれか。
> 　1 ）自動継続方式はスーパー定期・大口定期預金・変動金利定期預金に
> 　　　は適用されるが、期日指定定期預金に適用することはできない。
> 　2 ）積立定期預金は、預入日が異なっていても満期日は 1 つであり、満
> 　　　期日に 1 口の預金として元利金が支払われる。
> 　3 ）法律上は、積立定期預金は預金債権が預入れのつど増額されて、 1
> 　　　つの預金債権を形成しているものと考えられる。
> 　4 ）期日指定定期預金は据置期間 1 年で、最長預入期間は通常 3 年であ
> 　　　る。

・解説と解答・

1 ）不適切である。期日指定定期預金にも適用することができる。

2 ）適切である。

3 ）適切である。積立定期預金の個々の積立金は、積立定期預金契約に基づい
　　て預入れされるが、①預金債権は個々の積立金預入れの都度個々に成立す
　　るという説と、②預入れの都度、前の債権と合体して常に 1 個の債権とな
　　るとする説がある。②が一般的な理解であり、預金規定もこれによってい
　　る。

4 ）適切である。期日指定定期預金は預入日から 1 年据え置けば、預入期間中
　　の任意の日を満期日に指定することができる。通常、最長預金期間は 3 年
　　とされている。

正解　1 ）

2−15 積立定期預金

《問》積立定期預金に関する次の記述のうち、最も不適切なものはどれ
か。
1）積立定期預金は、個々の預入金額ごとに預金債権が独立して成立す
るのではなく、1つの包括的預金契約に基づいて、複数の預入れを
1つの預金債権をなすものとして取り扱う預金である。
2）確定日払方式では、積立期間と据置期間を定め、各回の預入金ごと
に満期日までの期間に対応した利率による利息を付ける。
3）積立定期預金の利息計算方法には、預入期間により単利方式と中間
元加方式とがある。
4）確定日払方式の積立定期預金が中途解約された場合には、すべて普
通預金利率を下回る利率で利息が支払われる。

・解説と解答・

1）適切である。
2）適切である。
3）適切である。
4）不適切である。中途解約の適用利率は、各金融機関が各預入期間に応じて
定めている利率による。

正解　4）

2 - 16　貯蓄預金

《問》貯蓄預金に関する次の記述のうち、最も不適切なものはどれか。
1) 預金の出し入れは自由であるが、給与振込、口座振替等はできない。
2) 預金金利は、一般に、普通預金よりも高い金利が付される仕組みである。
3) 口座の開設は、個人に限られる。
4) スウィングサービス（自動振替サービス）については、資金を普通預金から貯蓄預金に移動させる順スウィングのみが認められる。

・解説と解答・

1) 適切である。貯蓄預金は、要求払い預金の性格をもっているが、事務手数料などのコストのかかる決済業務を制限している。また、払戻回数超過手数料やスウィングサービス手数料を設けている場合がある。
2) 適切である。貯蓄預金は、定期預金に準じるような高い金利が付される仕組みである（現在の低金利環境においては、普通預金と同等の金利水準にとどまる場合が多い）。
3) 適切である。利用できるのは個人に限定されている。
4) 不適切である。スウィングサービス（自動振替サービス）については、貯蓄預金から普通預金に資金を移動させる逆スウィングも認められている。
（参考）貯蓄預金の解約について
　①名義人が存在しないことが明らかになったとき、または預金口座の名義人の意思によらず開設されたことが明らかになったとき、②貯蓄預金を、譲渡、質入れ等の禁止に違反したとき、③貯蓄預金が法令や公序良俗に反する行為に利用され、またはそのおそれがあると認められるときなどの事由に該当した場合には、金融機関は、預金者に通知することにより貯蓄預金取引を停止し、または貯蓄預金口座を解約することができる。
　また、貯蓄預金が、一定の期間預金者による利用がなく、かつ残高が一定の金額を超えることがない場合には、取引を停止し、または預金者に通知することによりこの預金口座を解約することができる（法令に基づく場合も同じ）。

正解　4)

2−17 譲渡性預金①

《問》譲渡性預金に関する次の記述のうち、最も適切なものはどれか。
1）譲渡性預金の譲渡は自由であり、その発行金融機関に譲渡すること
　もできる。
2）譲渡性預金は、満期日より前に解約することができる。
3）譲渡性預金は、法人のみ受け入れることができる。
4）譲渡性預金は、民法上の債権譲渡方式によって譲渡される。

・解説と解答・

　譲渡性預金とは、払戻しについて期限の定めがある預金で、譲渡禁止特約の
ないものをいう。発行単位や預入期間の法的規制はなく、金利等は相対取引に
て決定される。
1）不適切である。譲渡性預金を、その発行金融機関に譲渡することはできな
　い。
2）不適切である。譲渡性預金を満期日より前に解約することはできない。
3）不適切である。譲渡性預金は個人・法人の区別なく受け入れることができ
　る。
4）適切である。

正解　4）

2−18　譲渡性預金②

《問》譲渡性預金に関する次の記述のうち、最も不適切なものはどれか。
1）満期日は、預金者が任意の日を指定して決めることができる。
2）金融機関の関連会社であるファクタリング会社や短資会社は、譲渡性預金の売買や売買の媒介を行うことができる。
3）譲渡性預金の譲渡にあたっては、譲渡人の単名で記名した所定の「譲渡性預金譲渡通知書」を預金証書とともに発行金融機関に提出する。
4）譲渡性預金利息に対する源泉徴収は、最終の預金者が受け取る利息から保有期間に応じた各預金者の課税区分に従ってなされる。

・解説と解答・

1）適切である。
2）適切である。
3）不適切である。譲渡にあたっては、譲渡人・譲受人の双方で、所定の「譲渡性預金譲渡通知書」を作成し、預金証書とともに発行金融機関に提出する。金融機関は譲渡に係る手続を行い預金証書に確認印を押印して譲渡通知書に指定されている者に預金証書を返却する。
4）適切である。

正解　3）

2-19 外貨預金①

> 《問》外貨預金に関する次の記述のうち、最も不適切なものはどれか。
> 1) 外貨定期預金に先物為替予約を付けることで、為替相場の変動リスクを回避することができる。
> 2) 個人顧客の場合、先物為替予約付きの外貨定期預金の為替差益については源泉分離課税が適用されるが、先物為替予約なしの外貨定期預金の為替差益については確定申告による総合課税の対象となる。
> 3) 金融機関が顧客から円貨を対価として外貨預金を受け入れる場合に適用される外国為替相場を TTB といい、顧客が外貨預金を円貨で払い戻す場合に適用される外国為替相場を TTS という。
> 4) 円貨を外貨に替えて預入した外貨定期預金を中途解約し、円貨に交換した場合、当初の円貨額を下回るおそれがある。

●解説と解答●

　外貨預金は、円を外貨（米ドル、豪ドル、ユーロ、英ポンド、NZ ドル、スイスフランが主要通貨とされるが、その他の通貨も取り扱われている）に交換して定期預金、普通預金、通知預金などに預けるのが一般的で、円と外貨を交換する際には一般に為替手数料がかかる。また、外貨やTCの預入れや引出しには手数料がかかる。利息も外貨で支払われる。外貨定期預金の預入期間は、1カ月、3カ月、1年などと設定されている場合が多い。金利は、外貨定期預金は預け入れたときの金利が満期まで変わらない固定金利、外貨普通預金は変動金利である。為替先物予約がない外貨定期預金の満期時の為替レートが預入時に比べて円高になれば、投資利回りは悪化する。

1) 適切である。為替相場の変動リスクを回避するため、外貨定期預金に先物為替予約を付けることができる。

2) 適切である。

3) 不適切である。顧客との為替取引に使用される為替相場には売相場と買相場があり、円貨を対価として外貨預金を受け入れる場合の適用相場は、対顧客電信売相場（TTS）である。一方、払戻し時の相場は、対顧客電信買相場（TTB）である。

4) 適切である。為替の変動や手数料により元本割れが生じることがある。

正解　3)

2 −20　外貨預金②

《問》外貨定期預金の特徴に関する次の記述のうち、最も不適切なものは
　　どれか。
　1）外貨定期預金は、米ドル、ユーロ、英ポンド等の外国通貨建ての預
　　　金である。
　2）外貨定期預金も定期預金の一種であるため、預金保険制度による保
　　　護の対象となり、障害者等のマル優の適用も受けることができる。
　3）外貨定期預金を販売する際には、銀行法や金融サービス提供法の規
　　　定に基づき、為替変動リスク、商品内容等についての説明が必要で
　　　ある。
　4）外貨定期預金の期限前解約があった場合には、その資金調達コスト
　　　に見合う費用等を預金者が負担することになる。

・解説と解答・

1）適切である。
2）不適切である。円貨による定期預金の場合とは異なり、外貨定期預金は、
　　預金保険制度および障害者等のマル優のいずれも適用対象外となってい
　　る。
3）適切である。
4）適切である。

正解　2）

2-21 通知預金

> 《問》通知預金の一般的な商品性に関する次の記述のうち、最も不適切な
> ものはどれか。
> 1) 通知預金は、通帳式であっても、預入れ1回ごとに1口の独立した
>   預金債権となる。
> 2) 通知預金は、通常、預入日から7日間以上の据置期間が経過し、か
>   つ払戻日の2日前までに預金者からの通知があれば支払われる。
> 3) 通知預金には、預入金額の上限はないが最低預入金額の定めがあ
>   る。
> 4) 通知預金は、1口ごとに解約することができ、かつその1口の一部
>   解約もできる。

・解説と解答・

1) 適切である。通知預金は、個々の預入れごとに独立した預金となるので、
  預入れ（入金）はすべて新規契約となる。この点は、定期預金と同じで
  あって普通預金とは異なる。
2) 適切である。据置期間および事前通知（予告）から払戻しまでの日数は各
  金融機関の任意であるが、通常は、据置期間は預入日から7日間以上、事
  前通知（予告）から払戻しまでの日数は2日としている。
3) 適切である。
4) 不適切である。通知預金は、1口のうちの一部解約は認められていない。

正解　4)

2 −22　別段預金

《問》別段預金に関する次の記述のうち、最も適切なものはどれか。
1 ）別段預金は金融機関の業務から派生する保管金であり、一種の整理勘定であるが、預金であるから法的性質はすべて消費寄託契約である。
2 ）預り金としての性格をもつ別段預金には、預金者にかかわらず、原則として、普通預金利率による利息が付く。
3 ）別段預金は、預金保険制度の対象となる預金等の範囲に含まれる。
4 ）別段預金の受払いは、証書・通帳の発行により明確にしている。

・解説と解答・

1 ）不適切である。別段預金では、本来の預金勘定で受け入れるのが適当でないものを取り扱っており、その取扱方法は資金の性質に応じて決められる。したがって、法的性質が一律に消費寄託契約であるとはいえない。
2 ）不適切である。通常、別段預金には利息は付かないが、特別な合意があれば利息を付ける場合がある。例えば、地方公共団体等が支払準備金等を別段預金に預ける際には、普通預金利率で利息が付く場合がある。
3 ）適切である。別段預金は、一般預金等として預金保険制度の対象となる預金等の範囲に含まれる。
4 ）不適切である。通常、別段預金では証書・通帳が発行されない。

正解　3 ）

2－23 納税準備預金

《問》納税準備預金に関する次の記述のうち、最も不適切なものはどれ
か。
1）納税準備預金は、原則として、預金者（または同居の親族）の租税
納付に充てる場合に限って払戻しができる。
2）納税準備預金は、国税や地方税を口座振替で納付するときの引落口
座に指定することができる。
3）自店が租税の収納取扱店でない場合には、この預金の払戻金を自己
宛小切手にして預金者に交付する。
4）納税貯蓄組合預金について、納税目的外で払い戻した場合、その払
戻日が属する利息決算期間における納税外払戻金額が合計20万円以
下ならば、その利息は非課税となる。

・解説と解答・

1）適切である。ただし、災害その他の事由でやむを得ないと認めたときは租
税納付以外の目的でも払戻しができる。また、納税貯蓄組合預金は、租税
納付以外の目的でも払戻しができる。
2）適切である。
3）適切である。租税納付のためにこの預金を払い戻すときは、納付書、納税
告知書等を提出するが、収納取扱店でない場合は納付先宛の自店振出の小
切手を交付し、それにより納付する。交付する小切手は、税金の納入先金
融機関を受取人とする記名式小切手で、小切手面に「納税用」と表示す
る。
4）不適切である。租税納付以外の目的で納税準備預金を払い戻した場合、そ
の払戻日が属する利息計算期間中の利息は、普通預金の利率によって計算
する。納税貯蓄組合預金について、その払戻日が属する利息決算期間にお
ける納税外払戻金額が合計10万円以下の場合は非課税となり、10万円を超
える場合は利息全額に対して課税される。

正解　4）

第3章

当座勘定取引の実務

3-1　当座勘定取引①

《問》当座勘定取引契約等に関する次の記述のうち、最も不適切なものは
どれか。
1 ）当座勘定取引について定めた当座勘定規定には、手形法・小切手法
の定めと異なる実務上の取扱いを定めている条項がある。
2 ）臨時金利調整法に基づく告示に従い、当座勘定規定では、当座預金
には利息をつけないと定められている。
3 ）手形法および小切手法においては、手形・小切手の様式は定められ
ていないが、顧客との間で締結された当座勘定規定においては統一
手形・小切手用紙を使用することとされており、金融機関は統一手
形・小切手用紙以外の用紙を使用した手形・小切手の支払は行わな
い。
4 ）手形用法および小切手用法では、金額が複記されており、かつ、そ
れらの金額に差異がある場合、支払金融機関は最小金額をもって手
形・小切手金額とすることを定めている。

・解説と解答・

1 ）適切である。当座勘定取引契約は、顧客との間での支払委託契約と、支払
資金として当座預金に預けるという当座預金契約の複合した契約であると
解されている。そして、金融機関はこの支払委託契約の履行として、顧客
の当座預金からその顧客の振出等した手形・小切手金の支払を行うことと
なる。一方、手形・小切手法は、手形や小切手の法的性質や振出・裏書等
の要件等を定めているものの、強行規定とされない規定については、適
宜、当座勘定取引契約において修正することができる（一例として、手形
法6条、当座勘定規定［手形、小切手の金額の取扱い］）。
2 ）適切である（当座勘定規定［利息］）。
3 ）適切である（当座勘定規定［手形、小切手用紙］(1)(3)）。
4 ）不適切である。手形・小切手用法においては、金額は所定の金額欄に記載
することや、文字による複記をしないこと等が規定されているが（約束手
形用法4条1項・2項等）、複記の取扱いについては、当座勘定規定にお
いて、所定の金額欄記載の金額による旨が規定されている。

<u>正解　4 ）</u>

3－2　当座勘定取引②

《問》当座勘定規定と手形法・小切手法との関係に関する次の記述のうち、最も不適切なものはどれか。

1) 当座勘定規定には、手形法・小切手法の定めと異なる条項もあるが、金融機関と取引先との間では有効であるとされている。
2) 手形・小切手の受入れや支払にあたっては、所定の金額欄に記載の金額により取り扱われるが、これは当座勘定規定において、金融機関と取引先との間の特約として定められているものである。
3) 当座勘定規定では、手形・小切手の金額の一部支払はしないことになっているが、この規定は法律の規定に反するので、効力は生じない。
4) 裏判のある線引小切手を持参した取引先ではない持参人に現金払いした金融機関が小切手法の規定に従い、第三者に生じた損害を賠償した場合には、当座勘定規定により、取引先に求償することができる。

・解説と解答・

1) 適切である。
2) 適切である。金額の取扱いは取引当事者間の特約を定めている。
3) 不適切である。手形・小切手法においては一部支払が認められているものの（手形法39条2項、77条1項3号、小切手法34条2項）、当座勘定規定は取引当事者間の特約ということで、手形、小切手の金額の一部支払はしないとの約定の効力が一般に認められている。
4) 適切である。金融機関が振出人の裏判のある小切手の所持人に対して支払を行ったため、第三者（真の権利者）が損害を被り、金融機関がその損害の賠償をした場合は、振出人に求償できることとされている（当座勘定規定［線引小切手の取扱い］(2)）。

正解　3)

3－3　当座勘定取引③

《問》当座勘定取引契約に関する次の記述のうち、最も不適切なものはどれか。

1）当座勘定取引契約の法的性質は、顧客が手形・小切手の支払を委任する支払委託契約とその支払資金を当座預金として預けておく金銭消費寄託契約との混合契約であると解されている。
2）当座勘定規定では、手形要件・小切手要件の白地は取引先においてあらかじめ補充すべきものとされ、金融機関は白地を補充する義務を負わない旨が定められている。
3）当座勘定規定では、手形用紙・小切手用紙の交付枚数を制限しない旨が定められている。
4）当座勘定規定では、同日に呈示された数通の手形・小切手の全部を支払うに足りる資金が当座預金にない場合に、どの手形・小切手を支払うかは金融機関の任意である旨が定められている。

・解説と解答・

1）適切である。当座勘定取引契約の基本的な性質を示している。
2）適切である（当座勘定規定［当座勘定への受入れ］(2)）。
3）不適切である（当座勘定規定［手形、小切手用紙］(5)）。手形用紙と小切手用紙の交付について、同規定では、必要と認められる枚数を実費で交付する旨が定められている。
4）適切である（当座勘定規定［支払の選択］）。

正解　3）

3－4　当座勘定取引④

《問》手形・小切手の支払に関する次の記述のうち、最も不適切なものは
　　どれか。
　1）店頭における手形の支払については、原則として各金融機関とも現
　　　金払いは行わない。
　2）記名式小切手の場合、支払金融機関は、第1裏書の裏書人名が小切
　　　手に記載された名宛人の氏名と一致しているかどうかを調査する義
　　　務がある。
　3）金融機関の手形・小切手の支払義務は、手形・小切手の所持人に対
　　　して負っている。
　4）小切手は支払呈示期間経過後でも、支払委託の取消しがなされてい
　　　なければ支払うことができる。

・解説と解答・

1）適切である。当座勘定規定からいえば、正当な所持人であることが確認で
　　きれば現金払いしてもさしつかえないが、手形を呈示したものが正当な所
　　持人かどうかを確認するのが困難であるため、事故防止のため、実務上の
　　慣行として現金払いは行わない。
2）適切である（小切手法35条）。
3）不適切である。金融機関の手形・小切手の支払義務は、当座取引先に対し
　　て負うものである。
4）適切である（小切手法32条1項・2項）。手形については、支払呈示期間
　　内に支払の呈示を要する。

正解　3）

3-5 当座勘定取引⑤

《問》当座勘定規定等に照らし、当座勘定取引の終了に関する次の記述の うち、最も不適切なものはどれか。
1) 当座勘定取引契約は委任契約を含むので、当事者の一方の都合でい つでも解約できる。
2) 当座勘定取引が解約された場合において、交付した手形用紙、小切 手用紙について未使用のものがあるときは、金融機関はそれらをで きる限り回収しなければならない。
3) 電子交換所の取引停止処分を受けた者について強制解約する場合、 解約の効力は取引停止処分を受けたときに遡って生じる。
4) 当座勘定取引は、取引先の死亡の時をもって当然に終了する。

・解説と解答・

1) 適切である（当座勘定規定［解約］(1)）。
2) 適切である。当座勘定取引が解約された場合、当座勘定取引先は未使用の 手形用紙・小切手用紙の返還義務を負う（当座勘定規定［取引終了後の処 理］(2)）。一方、金融機関は未使用の手形用紙・小切手用紙を悪用防止の ため、極力回収に努めなければならないが、法的義務までは課せられてい ない。
3) 不適切である。取引停止処分を受けた者に対する強制解約については、取 引先への到達のいかんにかかわらず、解約通知を発信した時点で解約の効 果が生じる（当座勘定規定［解約］(3)）。
4) 適切である。民法の委任契約の性質をもつ当座勘定取引は、契約当事者の 死亡の時をもって当然に終了する（民法653条1号）。

正解 3)

3－6　当座勘定取引⑥

《問》当座勘定取引の終了に関する次の記述のうち、最も不適切なものは
　　どれか。

1）当座勘定取引終了の原因には、取引先と金融機関との合意による解
　　約、金融機関が一方的に解約する強制解約、あるいは取引先からの
　　一方的解約、さらには取引先の死亡または取引先あるいは金融機関
　　の破産手続開始の決定がある。

2）合意解約時点で振出あるいは引受済みの手形・小切手で支払未済の
　　ものがあれば、その支払が済んでから解約するか、あるいはその支
　　払資金を別段預金に預かったうえで解約することとなる。

3）当座勘定取引の解約後に、金融機関が回収できなかった未使用手
　　形・小切手用紙が悪用されたことにより、第三者が損害を受けた場
　　合でも、金融機関が当該損害を賠償する責任はないとされている。

4）死亡した当座勘定取引先振出の小切手が交換呈示されたときは、
　　「取引なし」で第1号不渡事由に該当し、不渡情報登録をしなけれ
　　ばならない。

・解説と解答・

1）適切である。

2）適切である。

3）適切である。

4）不適切である。当座勘定取引が終了した場合、その終了前に振り出された
　　手形・小切手であっても、金融機関はそれらを支払う義務を負わない（当
　　座勘定規定［取引終了後の処理］(1)）。当該手形・小切手は、「振出人等の
　　死亡」による0号不渡となり（電子交換所規則施行細則33条1項1号③）、
　　不渡情報登録は不要である。しかし、相続人から、特に依頼を受けたとき
　　は、金融機関には取引終了後の善処義務があるので、支払委託に応じるこ
　　とがある（民法654条）。

正解　4）

3－7　当座勘定取引⑦

《問》当座勘定取引に関する次の記述のうち、最も不適切なものはどれか。
1）貸越金がある場合、当座勘定に受入れまたは振込みされた証券類は、貸越金の担保となる。
2）当座勘定規定にいう支払資金には、当座貸越契約における貸越極度額は含まれない。
3）取引先に貸越元利金の即時支払義務が生じても、当座貸越契約は当然には終了しない。
4）当座貸越は、金融機関が当座勘定取引先との間で締結した当座勘定取引契約に基づいて開設した当座勘定で、取引先振出の手形・小切手が呈示された際に当座勘定に預金残高がなくても契約で定められた貸越極度額の範囲内でその支払に応ずることを可能とする一種の貸付契約である。

・解説と解答・

1）適切である。
2）不適切である。当座貸越契約が締結されることにより、取引先の振り出した約束手形・小切手について、金融機関は当座預金残高と当座貸越契約における貸越極度額の合計額まで支払義務を負うことになる。そのため、当座勘定規定にいう「支払資金」にはこの貸越極度額も含まれることとなる。
3）適切である。貸越金の即時支払義務の発生と当座貸越契約の終了は直接的な関係はない。ただし、当座貸越契約が終了または貸越が中止された場合には、直ちに貸越元利金の即時支払義務が発生する。また、貸越極度額が減額された場合にも、減額後の極度額を超える貸越金の即時支払義務が発生する（当座勘定貸越約定書［減額、中止、解約］(3)）。
4）適切である。

正解　2）

3-8　当座過振り

《問》当座勘定取引における過振りに関する次の記述のうち、最も不適切なものはどれか。

1）金融機関の裁量により当座勘定の支払資金を超えて手形・小切手を支払うことを「当座過振り」といい、当座勘定規定にその定めがある。

2）金融機関が裁量により当座勘定の支払資金を超えて手形・小切手の支払をした後に、当座勘定に受け入れまたは振り込まれた資金は、その不足金に充当するとされている。

3）過振りによる不足金があるときは、取引先から当座勘定に受け入れ、または振り込まれている証券類は、その不足金の担保として譲り受けたものとされている。

4）過振りによる不足金が支払われなかった場合において、金融機関が当座勘定取引先に対して他に預金債務を負担していたとしても、その不足金の支払請求権を自働債権としてその預金債務と相殺することはできない。

・解説と解答・

1）適切である（当座勘定規定［過振り］(1)）。

2）適切である（当座勘定規定［過振り］(3)）。

3）適切である（当座勘定規定［過振り］(5)）。

4）不適切である。相殺することができる（当座勘定規定［過振り］(4)）。

正解　4）

3－9 当座貸越

《問》当座勘定取引に付帯する当座貸越に関する次の記述のうち、最も不適切なものはどれか。

1) 金融機関は、金融情勢の変化、債権の保全その他相当の事由があるときは、いつでも当座貸越の極度額を減額し、貸越を中止し、または当座貸越を解約することができる。
2) 当座貸越が解約されて終了した場合、または貸越が中止された場合、取引先は金融機関から請求があれば、貸越元利金全額を弁済しなければならない。
3) 当座貸越の極度額が減額された場合、取引先は直ちに減額後の極度額を超える貸越金を弁済しなければならない。
4) 貸越の中止をした場合、金融機関にはその後に回ってきた手形・小切手を貸越金によって決済する義務はない。

解説と解答

1) 適切である（当座勘定貸越約定書［減額、中止、解約]）。
2) 不適切である。当座貸越が解約によって終了した場合、または貸越が中止された場合は、直ちに貸越元利金を支払うこととされている（当座勘定貸越約定書［減額、中止、解約]）。
3) 適切である（当座勘定貸越約定書［減額、中止、解約]）。
4) 適切である（当座勘定貸越約定書［減額、中止、解約]）。

正解 2)

3－10　手形①

> 《問》手形の必要的記載事項に関する次の記述のうち、最も適切なものは
> 　どれか。
> 　1）約束手形の受取人の記載は、有益的記載事項である。
> 　2）支払期日の決定方法には、確定日払、日付後定期払、一覧払、一覧
> 　　　後定期払の4種類があるが、実務上は確定日払が大部分を占めてい
> 　　　る。
> 　3）振出人の署名を法人名で行う場合、法人名を記載すれば足り、代表
> 　　　者名の記載は不要である。
> 　4）暦にない日付を振出日とした場合、記載された日付の前日を振出日
> 　　　とみなされる。

・解説と解答・

1）不適切である。約束手形では受取人の記載は必要的記載事項である（手形
　法75条5号）。約束手形は二者間の取引（振出人・受取人）である。
　　なお、通常、為替手形は三者間の取引（振出人・受取人・名宛人（支払
　人））であるが、自己受為替手形（振出人＝受取人）と自己宛為替手形
　（振出人＝名宛人（支払人））は二者間の取引となる。
2）適切である。実務上は、令和5年9月3日のように具体的な日付を記載す
　る場合が多い。
3）不適切である。振出人が法人の場合、法人名だけではなく、代表者名およ
　び代表資格（代表関係）の記載が必要となる。法人名のみ署名された場合
　は無効になる可能性があり、法人名がなく代表者名のみの署名がされた場
　合は、当該代表者個人が振り出したとみなされる。なお、受取人が法人の
　場合は、代表者名の記載は不要である。
4）不適切である。暦にない日付を振出日とする手形は無効とされる。一方、
　平年において満期日を2月29日とした手形について、2月末日を満期とし
　て記載した趣旨と解するのが相当であるとする判例（最判昭和44年3月4
　日、民集23巻3号586頁）がある。

正解　2）

約束手形の必要的記載事項は下記のとおりである。

①約束手形であることを示す文字

②一定金額の単純な支払約束文句

③満期（支払期日）および支払地

④受取人またはその指図人

⑤振出日

⑥振出地

⑦振出人の署名

〔約束手形見本〕

3 −11　手形②

> 《問》振出日や受取人の記載のない手形に関する次の記述のうち、最も適切なものはどれか。
> 1 ）振出日の記載のない手形を取立のため受け入れる場合には、当座勘定規定により、金融機関は振出日を補充する義務がある。
> 2 ）確定日払いの手形で振出日の記載のないものが呈示された場合は、当座勘定規定により、金融機関は、その都度取引先に連絡することなく支払うことができる。
> 3 ）受取人の記載のない手形が呈示された場合は、当座勘定規定により、金融機関は、その都度取引先に連絡して支払をすることとなっている。
> 4 ）受取人や確定日払いの手形で振出日の記載のない手形を支払ったことにより取引先に損害が生じた場合、金融機関は責任を負うことになる。

・解説と解答・

1 ）不適切である。金融機関は補充義務を負わない（当座勘定規定［当座勘定への受入れ］(2)）。

2 ）適切である（当座勘定規定［振出日、受取人記載もれの手形、小切手］(1)）。

3 ）不適切である。小切手もしくは確定日払いの手形で振出日の記載のないものまたは手形で受取人の記載のないものが呈示されても、金融機関は取引先にその都度連絡することなく支払うことができる（当座勘定規定［振出日、受取人記載もれの手形、小切手］(1)）。

4 ）不適切である。金融機関は取引先にその都度連絡することなく支払うことができ、そのことにより、発生した損害について金融機関は賠償責任を負わない（当座勘定規定［振出日、受取人記載もれの手形、小切手］(2)）。

正解　2 ）

3－12　手形・小切手

《問》手形・小切手に関する次の記述のうち、最も適切なものはどれか。

1）小切手法上、小切手の支払委託の取消しの効力は、小切手の支払呈示期間経過前でも生じる。

2）支払呈示期間経過後に手形・小切手の支払呈示があった場合、金融機関は支払委託が取り消されていなければ、当該手形・小切手を支払うことができる。

3）振出日や受取人の記載のない手形が不渡返還された場合、手形所持人は白地を補充して裏書人に遡求権を行使することができる。

4）先日付小切手の支払呈示が振出日として記載された日より前であっても、当座勘定に残高があれば、金融機関は取引先に連絡することなく振出人に支払うことができる。

・解説と解答・

1）不適切である。支払委託の取消しの効力は、小切手法上は、小切手の支払呈示期間経過後にのみ生じる（小切手法32条1項）。ただし、支払呈示期間内に小切手を紛失するなどし、支払委託の取消しを求めた場合、小切手法上は効果がないが、金融機関が任意に支払を差し止めるため、実質的には取消しの効果を生じる。

2）不適切である。手形は支払呈示期間内に呈示されたもののみ支払うことができる（当座勘定規定［手形、小切手の支払］(1)）。

3）不適切である。振出日や受取人が白地のままでの支払呈示は不適法な呈示であり、その後に白地を補充しても裏書人に対する遡求権は生じない。

4）適切である。小切手はすべて一覧払いとされているので、先日付のものであっても、呈示の日に支払うものとされている（小切手法28条2項）。

正解　4）

3－13　小切手①

《問》小切手の必要的記載事項に関する次の記述のうち、最も不適切なものはどれか。

1）支払人には、必ず銀行等の金融機関の名称が記載される。
2）小切手は一覧払いのため、支払期日の記載は必要的記載事項ではない。
3）振出人の署名を記名捺印によって行う場合、押捺する印章は振出人が支払金融機関に届け出ている印章と同じ必要がある。
4）金額欄の記入を手書きで行う場合、アラビア数字または漢数字を用いて記入することとされている。

・解説と解答・

1）適切である。小切手は第三者に支払を委託するため、支払人の名称が必要的記載事項となっており、その第三者は銀行等の金融機関であることが必要であると定められている（小切手法3条、59条）。
2）適切である。手形と違い小切手には満期がないため、支払期日を記載しない。
3）適切である。振出人の署名には自署と記名捺印があり、記名捺印の場合は記名判と印章の押捺が必要である。印章が支払金融機関への届出印ではない場合、支払金融機関は支払を行わない。
4）不適切である。金額欄にアラビア数字をチェックライター以外のもので記入した場合は、金額欄記載方法相違として第2号不渡事由に該当するため、手書きの場合は漢数字を用いる。また、金額欄は金額の頭に¥、末尾に※や☆等の印（漢数字の場合は頭に金、末尾に也）を付け、金額の書換を防止する。

正解　4）

小切手の必要的記載事項は下記のとおりである。
①小切手であることを示す文字
②一定金額の単純な支払委託文句
③支払人（金融機関の名称）
④支払地（支払人の住所）および振出日
⑤振出地
⑥振出人の署名

〔小切手見本〕

	小 切 手	
A130520		東 京　1301 0100－046

支払地　　東京都新宿区▼▼○丁目○番

株式会社Y銀行XX支店

金額　　　**¥1,000,000※**

上記金額をこの小切手と引替えに持参人へお支払い下さい

　　　　　　拒絶証書不要
振出日　　令和　　○年　　×月　　◎日
振出地　　東京都中央区
振出人　　■田　○朗　　㊞

3－14　小切手②

《問》X銀行Y支店に線引小切手（振出人はA、支払人はX銀行Y支店）を持参してその支払手続を依頼したBへの対応として、次のうち最も適切なものはどれか。
1）BはX銀行の取引先ではないが、その一般線引小切手の裏面にAの届出印が押捺されていたので、Y支店は現金払いに応じることとした。
2）BはY支店と従来取引がないだけでなく、X銀行の他支店でも取引がないが、Y支店は普通預金口座を開設し、同時に一般線引小切手の入金に応じることとした。
3）BはX銀行の取引先ではないが、一般線引が抹消されていたので、Y支店はその小切手の現金払いに応じることとした。
4）特定線引小切手の線引内の被指定銀行として「Z銀行」の記載が抹消されており、BがY支店の取引先であったので、Y支店は支払に応じることとした。

・解説と解答・

1）適切である。当座勘定規定上は、線引小切手が呈示された場合、その振出人による届出印の押捺があるときは、その持参人に支払うことができるとされている（当座勘定規定［線引小切手の取扱い］(1)）。
2）不適切である。一般線引小切手について、支払人は、銀行あるいは支払人の取引先にしか支払うことができない（小切手法38条1項）。この「取引先」とは、銀行との継続的な取引を通じてその素性が判明しているものとされている。
3）不適切である。線引小切手の線引は抹消することができず、抹消しても抹消はなかったものとみなされる（小切手法37条5項）。
4）不適切である。特定線引小切手の被指定銀行の名称を抹消しても、抹消はなかったものとみなされる（小切手法37条5項）。そのため、Y支店は被指定銀行であるZ銀行にしか支払えない（同法38条2項）。

正解　1）

3 - 15　小切手③

《問》自己宛小切手に関する次の記述のうち、最も適切なものはどれか。
1) 自己宛小切手は、預金小切手（預手）ともいわれ、金融機関が振出
人兼支払人となる小切手である。
2) 取引先の依頼により自己宛小切手を交付したときは、その支払資金
は、仮受金勘定で管理するのが一般的である。
3) 他金融機関振出の自己宛小切手を預金として受け入れた場合には、
その取立前でも預金債権として成立しており、直ちに払い戻すこと
ができる。
4) 金融機関は、取引先の振出小切手に支払保証を求められたときは、
通常の実務として小切手法の規定による支払保証を行う。

・解説と解答・

1) 適切である。
2) 不適切である。自己宛小切手を発行したときに依頼人から受け入れた資金
は、決済資金として別段預金で管理するのが一般的である。
3) 不適切である。自己宛小切手は信用度が高いが、取引先からの入金処理に
ついては他の手形・小切手と変わらない。
4) 不適切である。金融機関は小切手の支払保証をしないことになっている
（当座勘定規定［支払保証に代わる取扱い］）。支払保証を求められた場
合、一般的には、自己宛小切手を交付し、その金額を当座勘定から引き落
とす処理で対応している。

正解　1)

3－16　手形の裏書①

《問》手形の裏書の連続に関する次の記述のうち、最も不適切なものはどれか。
1）手形法上、手形上の記載において、形式的に裏書が連続していれば、偽造された裏書があっても、裏書の連続はあると判断される。
2）金融機関は、手形を決済する際に、裏書の連続の整否を調査することが義務付けられている。
3）手形法上、裏書の日付および裏書人の住所の記載がない場合には、裏書としての効力が生じない。
4）手形法上、被裏書人を指定した記名式裏書も、被裏書人を指定しない白地式裏書も、いずれも有効な裏書とされる。

・解説と解答・

1）適切である。手形の裏書の連続性の有無は手形上の記載から形式的に判断するので、複数の裏書のなかに署名の偽造が含まれていても、裏書の連続はあるものとされている（手形法16条1項、77条1項1号）。たとえ裏書の署名が偽造であっても、形式的・外観的に裏書が連続していれば、その効力は認められる。
2）適切である。金融機関には、裏書連続の整否について当座勘定取引契約上の受任者としての調査義務（善管注意義務）がある（手形法40条3項、77条1項3号）。
3）不適切である。裏書の日付および裏書人の住所は、手形法上、いずれも裏書の要件とはされていない（手形法13条1項、77条1項1号）。
4）適切である（手形法13条2項、77条1項1号）。

<u>正解　3）</u>

3−17 手形の裏書②

《問》手形の裏書の連続に関する次の記述のうち、最も不適切なものはどれか。

1) 裏書に「回収のため」や「取立のため」という文句が付記された裏書を取立委任裏書といい、被裏書人に対して手形の取立の代理権を授与するものである。
2) 手形の受取人が「(株) 山川商店」で、第一裏書人が「(株) 山川商店 代表取締役山田太郎」であった場合、裏書は連続していない。
3) 裏書の抹消は、通常、裏書欄を×印で消して行い、×印がある場合は、抹消者の訂正印がなくてもよい。
4) 被裏書人欄白地の手形を裏書取得した者は、その被裏書人欄を補充することなく、次の裏書欄に裏書をして手形を譲渡することができる。

・解説と解答・

1) 適切である（手形法18条1項、77条1項1号）。
2) 不適切である。一字一句同一でなくても、社会通念からみて同一性があると認められる記載があれば裏書の連続は認められる。
3) 適切である。裏書の抹消がどのような方法でなされようが、また抹消が権限のある者によってなされたか否かを問わず、抹消された裏書は当初から記載がなかったものとみなされる（手形法16条1項、77条1項1号）。
4) 適切である。白地式裏書は被裏書人を記載しない裏書であり（手形法13条2項、77条1項1号）、白地式裏書によって手形を取得した者は適法な所持人と推定され（手形法16条1項、77条1項1号）、さらに、その手形を裏書譲渡することも、あるいは単純にその手形を交付することによっても譲渡することができる。

正解　2)

3－18　手形の裏書③

《問》手形の裏書に関する次の記述のうち、最も不適切なものはどれか。
1）裏書禁止裏書であっても、さらに裏書をすることは可能である。
2）無担保裏書をした裏書人は、その直接の被裏書人に対してのみ担保責任を負い、被裏書人の後者に対しては担保責任を負わない。
3）期限後裏書とは、支払拒絶証書作成後または作成期間経過後になされた裏書のことであり、債権譲渡の効力しか認められないため、担保的効力は認められない。
4）取立委任裏書は、裏書人が金融機関等の被裏書人に手形金の取立を委任して手形上の権利を行使する代理権を与える目的で行われるもので、その性質上、担保的効力は認められない。

● 解説と解答 ●

1）適切である。裏書禁止裏書は、その後の裏書を禁止するものではなく、その直接の被裏書人に対してのみ担保責任を負い、被裏書人の後者に対して担保責任を負わないだけで、裏書譲渡をすることは可能である（手形法15条2項、77条1項1号）。
2）不適切である。無担保裏書をした裏書人は、被裏書人を含むその後の手形取得者すべてに対して担保責任を負わない（手形法15条1項、77条1項1号）。
3）適切である（手形法20条1項但書、77条1項1号）。
4）適切である（手形法18条1項、77条1項1号）。

正解　2）

3－19 手形・小切手の支払呈示①

《問》手形・小切手の支払呈示に関する次の記述のうち、最も不適切なものはどれか。

1）手形・小切手は、呈示期間経過後に支払呈示しても、遡求権は生じない。
2）手形の支払場所への呈示は、手形の呈示期間内についてのみ効力が認められている。
3）確定日払いの手形の支払呈示期間は、支払期日が休日の場合には、支払期日の翌日と翌々日の2日間である。
4）小切手は、呈示期間経過後でも、支払委託の取消しがなければ支払うことができる。

・解説と解答・

1）適切である。手形・小切手は、呈示期間経過後に支払呈示しても、遡求権行使の実質的要件を満たすことにはならない（手形法43条、77条1項4号、小切手法39条）。

2）適切である。手形の支払場所への呈示の効力は設問のとおりである。呈示期間経過後においては、支払地における（約束）手形の振出人の住所または営業所において呈示することとなる。

3）不適切である。確定日払いの手形の支払呈示期間は、支払をなすべき日（同日が休日の場合は翌金融機関営業日）（手形法72条1項）とこれに次ぐ2営業日である（同法38条1項、77条1項3号）。

4）適切である（小切手法32条2項）。

<u>正解　3）</u>

3 - 20　手形・小切手の支払呈示②

《問》小切手の支払呈示に関する次の記述のうち、最も適切なものはどれか。

1）小切手の支払呈示期間の末日が休日（金融機関休業日）の場合、休日の前日に期間が短縮される。

2）国内において振り出し、かつ支払うべき小切手の支払呈示期間は、振出日を含めて10日間である。

3）実際に振り出された日より将来の日を振出日として記載した小切手の支払呈示期間は、実際に振り出された日ではなく、振出日として小切手に記載された日付を基準に計算される。

4）実際に振り出された日より将来の日を振出日として記載した小切手が、その記載の振出日付より前に支払呈示された場合、支払金融機関は、その振出日の到来前に支払うことはできない。

・解説と解答・

1）不適切である。小切手の支払呈示期間の末日が休日の場合、翌取引日まで期間を伸長する。（小切手法60条 2 項）。

2）不適切である。振出日の翌日から起算して10日間が小切手の支払呈示期間となっている（小切手法29条 1 項、61条）。

3）適切である（小切手法29条 4 項）。

4）不適切である。先日付小切手を受け取った所持人は、振出日以前でも支払呈示することができ、支払金融機関は支払呈示日に支払うものと定められている（小切手法28条 2 項、当座勘定規定［手形、小切手の支払]）。先日付小切手が振出日として記載された日付以後しか支払呈示できないと満期を定めたのと同じことになり、小切手の一覧性に反することとなる。

正解　3）

3 −21　手形・小切手の紛失

> 《問》約束手形・小切手の紛失に関する次の記述のうち、最も不適切なも
> のはどれか。
> 1 ）手形・小切手を紛失した者が、手形の支払場所、小切手の支払人で
>   ある支払金融機関に対し、事故届を提出する。
> 2 ）金融機関は支払委託の取消しを受けたときは速やかに事故登録を行
>   い、支払呈示があったときは、取引先に無断で支払うことなく連絡
>   を行い対応する。
> 3 ）金融機関は、手形・小切手を紛失した者に対し、警察へ届出を行
>   い、警察署が発行する紛失届や盗難届の受理証明書を取得しておく
>   よう依頼を行う。
> 4 ）事故手形・小切手を完全に無効なものとし、善意の第三者にも対抗
>   できるようにするためには、手形・小切手を紛失した者が裁判所へ
>   公示催告の申立てをし、除権決定を受けなければならない。

・解説と解答・

1 ）不適切である。当座勘定取引は当座勘定取引先（約束手形や小切手の振出
　人）と支払金融機関との間の支払委託取引なので、呈示された手形・小切
　手を支払うかどうかは、振出人の意思に委ねることになるため、手形・小
　切手の所持人が紛失した場合でも、いったんその手形・小切手の支払を停
　止したうえで、振出人から正式な事故届を提出してもらうよう依頼する。
　事故届を提出するのは、手形・小切手を紛失した者ではなく、手形・小切
　手の振出人である。

2 ）適切である。

3 ）適切である。

4 ）適切である。手形・小切手を紛失したことで、当該手形・小切手上の権利
　と紙片との関係を断ち切り、当該手形・小切手の紙片を無効とするには、
　簡易裁判所に対して公示催告手続を申し立てたうえ、除権決定を得る必要
　がある（非訟事件手続法99条以下、114条以下参照）。

正解　1 ）

3－22　手形・小切手の消滅時効

《問》手形・小切手の消滅時効期間について、次のうち最も不適切なもの
はどれか。
1）小切手の所持人の振出人に対する遡求権は、呈示期間経過後6カ月
で時効にかかる。
2）約束手形の振出人に対する手形上の請求権は、支払期日の翌日から
起算して6カ月で時効にかかる。
3）為替手形の引受人に対する請求権は、支払期日の翌日から起算して
3年で時効にかかる。
4）約束手形の裏書人の他の裏書人に対する再遡求権は、その裏書人が
手形の受戻しをした日、または償還の訴えを受けた日から6カ月で
時効にかかる。

・解説と解答・

1）適切である（小切手法51条）。なお、約束手形の裏書人や為替手形の裏書
　人・振出人に対する遡求権は、拒絶証書の日付、または拒絶証書不要の場
　合は支払期日から1年で時効にかかる（手形法70条2項）。
2）不適切である。約束手形の振出人に対する手形上の請求権は、満期の日か
　ら3年で時効にかかる（手形法70条1項、77条1項8号）。
3）適切である（手形法70条1項）。
4）適切である（手形法70条3項、77条1項8号）。

正解　2）

（参考）
手形・小切手に関する権利の時効

	権利の種類	時効期間の初日	期間
約束手形	振出人に対する請求権	支払期日（満期の日）	3年
約束手形	裏書人に対する遡求権 ①所持人からの場合	支払期日（満期の日）	1年
	裏書人に対する遡求権 ②遡求義務を履行して手形を受け戻した裏書人からの場合	手形を受け戻した日または訴えを受けた日	6カ月
為替手形	引受人に対する請求権	支払期日（満期の日）	3年
為替手形	振出人および裏書人に対する遡求権 ①所持人からの場合	支払期日（満期の日）	1年
	振出人および裏書人に対する遡求権 ②遡求義務を履行して手形を受け戻した裏書人からの場合	手形を受け戻した日または訴えを受けた日	6カ月
小切手	振出人・裏書人・保証人に対する所持人からの遡求権	呈示期間経過後の初日	6カ月
	小切手を受け戻した者からの他の小切手債務者に対する再遡求権	小切手を受け戻した日または訴えを受けた日	6カ月
	支払保証人に対する請求権	呈示期間経過後の初日	1年

3 −23　公示催告・除権決定

《問》約束手形の公示催告・除権決定に関する次の記述のうち、最も不適
切なものはどれか。
1）手形を紛失した場合の公示催告の申立ては、紛失した手形の所持人
が申立人となる。
2）手形を紛失した場合の公示催告は、手形の支払地を管轄する簡易裁
判所に申し立てる。
3）除権決定を得た公示催告の申立人は、手形を所持しなくても手形上
の権利を行使することができる。
4）除権決定がされたことを知らないで、除権決定後に裏書により手形
を取得した者は、手形上の権利を行使することができる。

・解説と解答・

1）適切である。公示催告の申立ては、紛失した手形所持人が行う（非訟事件
手続法114条）。
2）適切である。手形の支払地を管轄する簡易裁判所に申し立てる（非訟事件
手続法115条1項）。
3）適切である（非訟事件手続法118条2項）。
4）不適切である。除権決定により手形は将来に向かって無効となるので、そ
の後に手形を取得しても手形上の権利を行使することができない（非訟事
件手続法118条1項）。

正解　4）

3-24　電子交換所の仕組み

《問》電子交換所における各種の手続に関する次の記述のうち、最も不適
切なものはどれか。
1）参加銀行は、原則として、交換日の前営業日までに交換所への持出
を行う。
2）交換尻の決済は、交換日において日本銀行における加盟銀行および
協会の当座勘定の振替により行う。
3）参加銀行は、電子交換所システムに登録された持帰手形について、
証券イメージおよび証券データを確認する。
4）参加銀行は、持帰手形のうち不渡手形があるときは、交換日の翌々
営業日午前11時までに不渡手形として電子交換所システムに登録
（不渡返還）を行う。

・解説と解答・

　参加銀行は、交換に付す手形の証券イメージを電子交換所システムに登録す
るが、これを持出という。（電子交換所規則2条、18条）
1）適切である。交換日の前営業日までの持出が困難な場合は、交換日当日の
午前8時30分まで持出を行うことができる（電子交換所規則19条1項）。
2）適切である。交換尻の決済は、交換日において日本銀行における加盟銀行
および協会の当座勘定の振替により行うものとする（電子交換所規則27
条）。
3）適切である。参加銀行は、電子交換所システムに登録された自行宛の手形
（持帰手形）について、証券イメージおよび証券データを確認する（電子
交換所規則24条）。
4）不適切である。参加銀行は、持帰手形のうち支払に応じがたいもの（不渡
手形）があるときは、交換日の翌営業日午前11時までに不渡手形として電
子交換所システムに登録（不渡返還）を行い、交換日の翌営業日の交換尻
決済において、不渡手形に係る代り金を受け取る（電子交換所規則33条）。

<u>正解　4）</u>

3−25　電子交換所の交換対象証券

《問》電子交換所による交換開始後の手形、小切手、その他証券の取扱い
に関する次の記述のうち、最も適切なものはどれか。
1）従来の手形・小切手用紙は、利用することができない。
2）支払後の紙の手形・小切手は、原則として2年間は取立金融機関で
保管される。
3）電子交換所を経由して交換決済することができるその他の証券の種
類は、手形交換所で交換決済されていたものと同じである。
4）株式の配当金領収証は、電子交換所の交換決済の対象とされてい
る。

・解説と解答・

　電子交換所は、全面的な電子化が達成されるまでの過渡期の対応として、流
通する紙の約束手形等について、銀行間の手形交換の仕組みを電子化すること
により、金融界としてのコスト削減や自然災害等への耐久性向上等の効果を目
的として設立するものである。
1）不適切である。利用者の手続に変更はなく、紙の手形用紙もこれまで通り
利用できるが、金融機関が手形をイメージデータに変換し、電子交換所に
送受信する仕組みである。
2）不適切である。電子交換所制度への移行後は、交換日から起算して3カ月
後の応当日までは現物が保管されるが、同日経過後は保管義務がなくなる
（電子交換所規則35条）。イメージデータは電子交換所システムに11年2カ
月間保管される。
3）不適切である。電子交換所による手形・小切手の交換開始後は、原則とし
てすべての手形・小切手は電子交換所を経由して決済される。しかし、電
子交換所に交換呈示することができない一部証券類（預金通帳など）の取
立を行う場合、手形・小切手の支払場所となる金融機関が電子交換所に参
加していない場合、その他何らかの事情により個別の取立が必要となる場
合などには、電子交換所を経由することができない（電子交換所規則13条
1項）。
4）適切である（電子交換所規則13条2項）。

正解　4）

3－26　電子交換所の持出業務と持帰業務

《問》電子交換所における持出業務および持帰業務に関する次の記述のうち、最も不適切なものはどれか。

1）参加銀行は、原則として交換日の当日の午前8時30分までに交換所への持出を行う。
2）参加銀行は、持出手形について交換に付すことを取りやめる必要が生じた場合、交換日前営業日の午後5時までに、電子交換所システムにおいて登録を取り消すことができる。
3）持出銀行が所定の持出時限までに手形の持出を行い、かつ、交換日が到来した場合には、原則として、持出銀行は交換日に交換所において持帰銀行に対し呈示したものとみなされる。
4）参加銀行は、持帰手形について、証券データのうち持帰銀行、金額または交換希望日が証券イメージと異なることを認識した場合、証券データを訂正して交換日当日の交換計数（交換尻決済額）に反映することができる。

・解説と解答・

1）不適切である。参加銀行は、原則として交換日の前営業日までに交換所への持出を行い、それが困難な場合は交換日当日の午前8時30分まで持出を行うことができる（電子交換所規則19条1項）。
2）適切である（電子交換所規則21条）。
3）適切である。持出銀行が所定の時限までに手形の持出を行い、かつ、交換日が到来した場合には、持出が取り消されたときや持出手形の占有を失ったときなどを除いて、持出銀行は交換日に交換所において持帰銀行に対し呈示したものとみなされる（電子交換所規則18条2項）。
4）適切である。参加銀行は、持帰手形について、証券データのうち、持帰銀行、金額または交換希望日が証券イメージと異なることを認識した場合、交換日当日の正午までに、電子交換所システムにおいて証券データの訂正を行うことにより、交換日当日の交換計数（交換尻決済額）に反映することができる（電子交換所規則25条1項）。

正解　1）

3－27　電子交換所の取引停止処分と不渡報告

《問》電子交換所の取引停止処分、不渡情報登録、不渡報告に関する次の
　　記述のうち、最も不適切なものはどれか。
1）参加銀行は、取引停止処分を受けた者に対し、取引停止処分日から
　　起算して2年間、当座勘定および貸出の取引をすることはできない
　　が、債権保全のための貸出はこの限りではない。
2）不渡報告に掲載された者について、その不渡情報登録に係る手形の
　　交換日から起算して6カ月後の応当日の前日までの日を交換日とす
　　る手形に係る2回目の不渡情報登録が行われたときは、原則として
　　取引停止処分に付される。
3）不渡報告または取引停止処分が参加銀行の取扱錯誤による場合に
　　は、当該金融機関は、交換所に対し、不渡報告または取引停止処分
　　の取消しを請求しなければならない。
4）不渡報告または取引停止処分が参加銀行以外の金融機関の取扱錯誤
　　による場合には、当該不渡報告または取引停止処分は、取り消すこ
　　とはできない。

・解説と解答・

1）適切である（電子交換所規則39条2項）。
2）適切である（電子交換所規則42条1項）。
3）適切である（電子交換所規則48条1項）。
4）不適切である。参加銀行は、当該金融機関の依頼に基づき、交換所に対
　　し、不渡報告または取引停止処分の取消しを請求することができる（電子
　　交換所規則48条2項）。

正解　4）

3 −28 電子交換所の不渡事由と不渡情報登録

《問》電子交換所の手形の不渡情報登録に関する次の記述のうち、最も不
適切なものはどれか。

1）「呈示期間経過後」に該当する約束手形が支払呈示された場合は、
0号不渡事由に当たり、不渡情報登録は不要である。

2）期日が到来していない約束手形が支払呈示され、支払資金が不足し
ている場合は、第1号不渡情報登録を要する。

3）支払呈示された約束手形に押印された印影または署名（電磁的な画
像を含む）が届出印（または署名鑑）と相違している場合は、第2
号不渡情報登録を要する。

4）受取人の記載のない約束手形が支払呈示され、支払資金が不足して
いる場合は、第1号不渡情報登録を要する。

・解説と解答・

1）適切である。「呈示期間経過後」は0号不渡事由に当たり、不渡情報登録
は不要である（電子交換所規則施行細則33条1項）。

2）不適切である。「期日未到来」は0号不渡事由に当たり、「資金不足」は第
1号不渡事由に該当する（電子交換所規則施行細則33条1項）。このよう
に0号と第1号の不渡事由が重複した場合は、0号不渡事由が優先する
（同規則施行細則33条2項）。したがって、不渡情報登録は不要である。

3）適切である。「印鑑相違」は第2号不渡事由に当たる（電子交換所規則施
行細則33条1項3号）。

4）適切である。一般に「形式不備」は0号不渡事由に当たるが、振出日およ
び受取人の記載のないものは除かれており（電子交換所規則施行細則33条
1項）、本選択肢の場合は0号不渡事由には当たらない。また、「資金不
足」は第1号不渡事由であることから（同規則施行細則33条1項2号）、
本選択肢の手形は第1号不渡情報登録を行う必要がある。

正解　2）

3－29　電子交換所の異議申立

《問》次の事由のうち、電子交換所規則上、不渡情報登録に対して異議申
立をすることができない場合はどれか。
1）詐取
2）紛失
3）資金不足
4）印鑑（署名鑑）相違

・解説と解答・

　第2号不渡事由の場合は、異議申立をすることができる。第2号不渡事由
は、0号不渡事由および第1号不渡事由以外のすべての不渡事由であって、例
示すると、契約不履行、詐取、紛失、盗難、印鑑（署名鑑）相違、偽造、変
造、取締役会承認等不存在、金額欄記載方法相違（金額欄にアラビア数字を
チェック・ライター以外のもので記入した場合等）、約定用紙相違（金融機関
所定の用紙以外を使用した場合）である。
　0号不渡事由は、適法な呈示でないこと等を事由とする次に掲げる不渡事由
であり、この場合、不渡情報登録は不要である。形式不備（振出日および受取
人の記載のないものを除く）、裏書不備、引受なし、呈示期間経過後（手形に
限る。）、呈示期間経過後かつ支払委託の取消（小切手に限る）、期日未到来、
除権決定、依頼返却、案内未着、二重持出、該当店舗なし、レート相違・換算
相違、振出人等の死亡、再交換禁止（電子交換所規則施行細則13条）、イメー
ジ不鮮明（電子交換所規則18条2項3号）などがある。
　第1号不渡事由は、資金不足（手形が呈示されたときにおいて当座勘定取引
はあるがその支払資金が不足する場合）および取引なし（手形が呈示されたと
きにおいて当座勘定取引のない場合）であり、この場合、不渡情報登録を要す
る。ただし、取引停止処分中の者に係る不渡（取引なし）については不渡情報
登録を要しない。
1）異議申立をすることができる。
2）異議申立をすることができる。
3）第1号不渡事由であり、異議申立をすることはできない。
4）異議申立をすることができる。

正解　3）

3－30　電子記録債権①

《問》電子記録債権に関する次の記述のうち、最も不適切なものはどれ
か。
1）電子記録債権は、手形債権とは異なる、新たな類型の金銭債権であ
る。
2）でんさいネット（全銀電子債権ネットワーク）においては、取引停
止処分はない。
3）電子記録債権の譲渡は、電子債権記録機関が譲渡記録をすることに
よってその効力が生じる。
4）でんさいの債権金額は、原則として、1円以上100億円未満である。

・解説と解答・

　電子記録債権法の骨子は、以下のとおりである。
ア　金銭債権であって、磁気ディスク等をもって電子債権記録機関が作成する
　　記録原簿への電子記録を債権の発生、譲渡等の効力要件とし、その権利内
　　容が当該記録原簿の記録によって定まる電子記録債権についての規定を整
　　備している。
イ　電子記録債権の取引の安全を保護するため、別段の記録をしない限り、手
　　形におけるのと同様、電子記録債権の譲渡に善意取得や人的抗弁の切断の
　　効力を認める。
ウ　手形におけるのと同様、記録原簿上の債権者に対して支払をした者に悪意
　　または重過失の場合を除き支払免責を認める。
エ　手形保証類似の独自性を有する電子記録保証の制度を設け、記録原簿への
　　電子記録を電子記録保証の効力要件とする。
オ　電子記録債権を目的とする質権設定を可能とし、記録原簿への電子記録を
　　その効力要件とする。
カ　記録事項の変更、電子債権記録業に関する電子債権記録機関の責任、記録
　　事項等の開示等についての規定を整備している。
1）適切である（電子記録債権法2条1項）。
2）不適切である。手形交換制度と同様、でんさいネットにも取引停止処分が
　　あり、6カ月以内に2回、支払不能が発生した場合は、2年間、でんさい
　　ネットの債務者としての利用、および全参加金融機関においての貸出取引

が停止される。ただし、債権保全のための貸出の取引は、この限りではない（株式会社全銀電子債権ネットワーク業務規定49条）。

3 ）適切である（電子記録債権法17条）。

4 ）適切である。

正解　2 ）

3−31　電子記録債権②

《問》電子記録債権に関する次の記述のうち、最も不適切なものはどれか。

1）既存取引先から利用申込を受けたが、融資取引において既に犯罪収益移転防止法上の取引時確認を行っていたことを確認できたため、改めて取引時確認は行わなかった。

2）利用申込者から、他の金融機関で既に利用契約済みとの申出を受けたので、利用者番号を教えていただくよう依頼した。

3）利用者から残高証明書の発行の請求を受けた際、他の金融機関でも利用契約があり、すべての利用契約の残高証明書を入手するには、当該金融機関に対しても発行の請求が必要か聞かれたが、残高証明書にはすべての利用契約におけるでんさいの残高がまとめて記載されるため、請求は不要である旨回答した。

4）利用者から住所変更の届出を受けた際、利用契約のある他の金融機関でも住所変更の届出が必要か聞かれたため、当該金融機関にも届出を行う必要がある旨を案内した。

●解説と解答●

1）適切である。

2）適切である。

3）不適切である。残高証明書の発行単位は利用契約単位であり、利用者は、すべての利用契約の残高証明書が必要な場合は、それぞれの利用契約について発行請求が必要となる。

4）適切である。

正解　3）

3-32　電子記録債権の特徴

> 《問》全銀電子債権ネットワーク（以下、「でんさいネット」という）の
> 電子記録債権（以下、「でんさい」という）の特徴に関する次の記
> 述のうち、最も適切なものはどれか。
> 1）でんさいは、その一部を分割して譲渡することができる。
> 2）でんさいは、債権者である電子記録権利者がでんさいネットへ債権
> 　　内容の記録の意思表示をした時点でのみ発生する。
> 3）発生記録が可能なでんさいの債権金額は、原則として10万円以上
> 　　100億円未満とされている。
> 4）でんさいの譲渡記録には、担保的効力がある。

・解説と解答・

1）適切である（電子記録債権法43条）。

2）不適切である。電子記録債権は、電子債権記録機関の記録原簿に発生を電
　子記録することにより発生する（電子記録債権法15条）。なお、でんさい
　ネットでは、電子記録債権の発生については、①債務者の発生記録請求を
　受け発生記録を行う「債務者請求方式」と②債権者が発生記録請求を行
　い、5銀行営業日以内に債務者の承諾を得る「債権者請求方式」がある。

3）不適切である。でんさいネットでは、発生記録が可能な電子記録債権の債
　権金額は、原則として1円以上100億円未満とされている（株式会社全銀
　電子債権ネットワーク業務規程30条2項1号、同業務規程細則17条7項、
　9項1号）。

4）不適切である。電子記録債権の譲渡記録には担保的効力はない。別途、保
　証記録をすることにより保証することができる（電子記録債権法31条）。
　でんさいネットでは、譲渡記録には、原則として保証記録が随伴される。

正解　1）

第 4 章

預金の特殊実務

4－1　預金者からの諸届①

《問》預金者からの諸届に関する次の記述のうち、最も不適切なものはどれか。
1）与信取引のある預金者から住所変更届を受けた場合は、新旧住所、氏名・名称、届出印に加えて、住民票の抄本や登記事項証明書などの提示を受ける必要がある。
2）喪失改印は、都合改印に比べて無権限者が介在する可能性が比較的高いため、その取扱いには特に慎重を要する。
3）顧客から印鑑喪失の電話連絡があっても、書面による届出を受理する前に、金融機関の判断で勝手に預金の支払停止措置を取ってはならない。
4）口座名義人（被相続人）の死亡に伴う相続において、相続人が1人であることが確認できた場合には、預金を払い戻すことなく、当該口座（被相続人）名義を相続人名義に変更することがある。

・解説と解答・

1）適切である。確認資料として、個人の場合は住民票の抄本など、法人の場合は登記事項証明書の提出を受ける。
2）適切である。
3）不適切である。第三者により払い戻されることを防ぐため、事故の連絡を受け次第、速やかに支払停止措置を取る。その後で、事実確認・本人確認や届出の受理を行う。
4）適切である。相続人が1人しかいない場合や、遺言によって特定の相続人が相続した場合や、遺産分割協議の結果、特定の相続人が相続した場合に、当該相続人からの申出があれば、その相続人名義に変更することはありうる。

正解　3）

4－2　預金者からの諸届②

《問》預金の名義変更に関する次の記述のうち、最も不適切なものはどれか。

1）預金者の変更を伴う名義変更には、相続、合併、譲渡、転付命令等に基づくものがある。
2）結婚によって預金者の姓が変わり、預金者が変更後の姓名を届け出た場合には、戸籍謄（抄）本または戸籍記載事項証明書を提出してもらうことがある。
3）預金に対する転付命令が確定したときは、その預金は転付債権者に移転し、金融機関は譲渡禁止の特約の効力を主張することができない。
4）会社の吸収合併により、預金を消滅会社から存続会社に移転させるには、金融機関の承諾が必要である。

・解説と解答・

1）適切である。名義変更の原因はさまざまであるが、預金者の単なる名称変更以外の名義変更には本選択肢の記述のような場合がある。
2）適切である。結婚改姓による名義変更に際しては、一般に、本肢の本人確認書類以外に運転免許証等によって新旧氏名（姓名）の確認を行う。
3）適切である。転付命令による預金の移転効果については、記述のとおりである（最判昭45.4.10民集24巻4号240頁）。
4）不適切である。吸収合併は消滅会社から存続会社への資産・負債の包括承継であるため（会社法750条1項、752条1項）、金融機関の承諾を必要とするわけではない。

正解　4）

4-3 預金の質入れ

《問》預金債権の質入れに関する次の記述のうち、最も適切なものはどれか。
1) 金融機関は各種の預金規定で預金債権の第三者への質入れを禁止しており、特別な事情がある場合にその質入れを認めている。
2) 質権者（債権者）が金融機関（第三債務者）に対して、預金債権について質入れの効力が生じていることを主張するのに、質権設定者たる預金者が、質権を設定した事実について金融機関に通知し、あるいは金融機関から承諾を得る必要はない。
3) 質権者（債権者）は、金融機関（第三債務者）以外の者に対して、預金債権について質入れの効力が生じていることを主張するのに、金融機関に対する通知あるいは承諾につき確定日付のある証書をとる必要はない。
4) 質権の設定された定期預金がその利息を元加して書き替えられた場合には、その質権の効力は、書替後の定期預金全額には及ばない。

●解説と解答●

1) 適切である（全国銀行協会「普通預金規定（個人用）[参考例]」10)。
2) 不適切である。質権者（債権者）が金融機関（第三債務者）に対して預金債権について質入れの効力が生じていることを主張するためには、金融機関に対して質権設定者たる預金者が通知するか、金融機関から質権の設定についての承諾を得なければならない（民法364条、467条1項）。
3) 不適切である。質権者（債権者）が金融機関（第三債務者）以外の者に対して預金債権について質入れの効力が生じていることを主張するためには、金融機関に対する通知あるいは金融機関の承諾が、確定日付のある証書をもってされなければならない（民法364条、467条2項）。ただし、預金規定には、譲渡性預金を除き、「譲渡・質入禁止特約」が置かれていることが広く周知されている。そして、債権の譲渡制限の効力の否定（同法466条2項）についても、預金債権はその適用外とされている（同法466条の5第1項）ことから、預金者からの質権設定通知のみをもって有効な質権設定は成立せず、ごく例外的に金融機関が質権設定を承諾した場合のみ成立する。

4）不適切である。質権の設定された定期預金がその利息を元加して書き替えられた場合には、その新旧の定期預金には実質的同一性が存在することから、その質権の効力は、書替後の定期預金全額に及ぶとされている（最判昭和40年10月7日、民集19巻7号1705頁）。

正解　1）

4-4　預金の譲渡

《問》預金（譲渡性預金を除く）の譲渡に関する次の記述のうち、最も不適切なものはどれか。

1) 金融機関は、譲渡禁止の特約を解除し、預金債権の譲渡を承諾することはいっさいできない。
2) 預金債権について当事者がした譲渡制限の意思表示は、民法466条2項の規定にかかわらず、当該意思表示がされたことを知り、または重大な過失によって知らなかった譲受人その他の第三者に対抗することができる。
3) 普通預金債権が譲渡された場合、特約がなければ、同時に利息債権も譲受人に移転する。
4) 預金債権に譲渡制限があることは、広く周知されていると考えられるため、預金債権が譲渡された場合、譲受人は原則として悪意・重過失であるとみなされうる。

・解説と解答・

1) 不適切である。金融機関は、預金者の確認、事故防止や円滑な事務処理のため預金債権の譲渡および質入れを禁止しているが、特別な事情がある場合にはそれを認めている（全国銀行協会「普通預金規定（個人用）［参考例］」10）。
2) 適切である（民法466条の5第1項）。
3) 適切である。「利息債権」は、元本債権に対して従たる権利であり、元本債権に対して随伴性がある。したがって、元本債権が譲渡されたときは、弁済期未到来の経過利息債権については、同時に移転するのが原則である。ただし、譲渡人と譲受人の特約で利息債権は移転しないものとすることもできるから、金融機関としては譲渡承諾の際に、それがいずれに帰属するか確認する必要がある。
4) 適切である。

<u>正解　1)</u>

4－5　各種預金の消滅時効

> 《問》各種預金の消滅時効期間の起算点に関する次の記述のうち、最も適
> 　　切なものはどれか。
> 1）当座預金については、当座勘定契約の終了時と解されている。
> 2）定期預金（自動継続特約付のものを除く）については、定期預金契
> 　　約の開始時と解されている。
> 3）普通預金については、その最初の通帳の作成時であり、その後の入
> 　　出金ごとに起算点が改まることはないと解されている。
> 4）通知預金については、その据置期間を経過した、預入日から起算し
> 　　て5日目と解されている。

・解説と解答・

　消滅時効期間の起算点とは、預金者がその権利行使をできる時、または権利
行使をできることを知った時である。
1）適切である。
2）不適切である。定期預金（自動継続特約付のものを除く）の消滅時効期間
　　の起算点は、定期預金の満期日とされている。
3）不適切である。普通預金は、その出し入れにかかわらず全体として一個の
　　預金債権とされる。最初の預入時から時効は進行しているが、その後に入
　　出金がなされると、権利の承認として時効が更新し、その更新ごとに新た
　　に時効期間が開始することとなる。
4）不適切である。通知預金については、その据置期間（最短7日間）を経過
　　した、預入日から起算して8日目が時効期間の起算点と解されている。

正解　1）

4－6　休眠預金等

《問》休眠預金等活用法に関する次の記述のうち、最も不適切なものはどれか。

1）休眠預金等移管金として休眠預金等に係る債権の額に相当する額が金融機関から預金保険機構に納付されると、休眠預金等に係る債権は消滅し、その後、預金者等が死亡した場合、当該相続人は休眠預金等代替金（債権）を相続できない。

2）金融機関は、預金口座における最終異動日等から10年を経過する前に、当該預金を休眠預金等として、その預金債権の額に相当する額を預金保険機構に納付することは認められない。

3）一般預貯金等と決済用預貯金のいずれにも該当しない預金（外貨預金、譲渡性預金等）は、本制度の対象外である。

4）振込資金を顧客から受領した際に、宛先相違等で振込不能になった場合で顧客とも連絡がとれず金融機関内で一時的に別段預金で受け入れている場合、当該別段預金は本制度による納付の対象となる。

・解説と解答・

1）不適切である。預金者の相続人は当然に預金者の権利義務を承継することから、「預金者等」（休眠預金等活用法2条3項）の定義に相続人も含まれることになる。

2）適切である。「休眠預金等」とは、「預金等であって、当該預金等に係る最終異動日等から10年を経過したものをいう」と定義され（同法2条6項）、金融機関は、最終異動日から9年を経過した預金等がある場合に、公告義務を負い（休眠預金等活用法3条1項）、休眠預金等移管金の納付期限は「公告をした日から1年を経過する日」（同法施行規則9条1項）とされている。そのため最終異動日等から10年を経過する前に預金保険機構に納付して移管されることはない。

3）適切である（休眠預金等活用法2条2項）。

4）適切である（休眠預金等活用法Q＆A　Q4）。

正解　1）

4－7　預金の仮差押え

> 《問》預金に対する仮差押えの効力に関する次の記述のうち、最も不適切なものはどれか。
> 1）仮差押えには、差押えと同様に処分制限の効力がある。
> 2）仮差押えによっても、滞納処分の執行は妨げられない。
> 3）仮差押命令が預金者に送達されてから1週間が経過したときは、仮差押債権者に取立権が生ずる。
> 4）仮差押えを受けた場合でも、第三債務者である金融機関は権利供託することができる。

・解説と解答・

1）適切である。仮差押えは、金銭債権による将来の強制執行に備えて予め債務者に対して責任財産の処分や現状変更を禁止しておくもので（民事保全法20条）、差押えと同様に処分制限の効力があり、また第三債務者について債務者への弁済禁止の効力も有している（民事保全法50条1項）。しかし、滞納処分の執行が妨げられることはなく（国税徴収法140条）、滞納処分と強制執行等との手続の調整に関する法律によって滞納処分との調整が図られている。

2）適切である（国税徴収法140条）。

3）不適切である。差押えの場合と異なり、仮差押えでは、仮差押債権者に取立権が生じることはない。

4）適切である。仮差押えを受けた場合でも、権利供託することができる（民事保全法50条5項、民事執行法156条1項）。

<u>正解　3）</u>

4－8　預金の差押え①

《問》預金の差押えに関する次の記述のうち、最も不適切なものはどれ
か。
1）差押命令は、原則として執行文の付された債務名義により、債権者
の申立に基づき裁判所が発する命令である。
2）差押命令が預金者（債務者）に送達された時点で、金融機関（第三
債務者）は当該預金の払戻しを禁止される。
3）差押えの効力は、差押命令が金融機関に送達された時の預金残高に
ついて差押債権額を限度として及び、差押命令送達後に預け入れら
れた預金には及ばない。
4）預金の元本に対する差押えの効力は、差押え後に生じる利息に対し
ても及ぶものされている。

・解説と解答・

1）適切である（民事執行法25条、143条）。
2）不適切である。差押えの効力は、差押命令が金融機関（第三債務者）に送
達された時に生じる（民事執行法145条5項）。
3）適切である。
4）適切である。基本権たる利息債権は元本債権に随伴することから、差押え
後に生じた利息に対しても、預金の元本に対する差押えの効力が及ぶこと
となる。しかし、既発生利息に対して差押えの効力を及ぼすためには、差
押債権者は、それを含めて差し押さえる旨の差押命令を執行裁判所に発行
してもらわなければならない。

正解　2）

4－9　預金の差押え②

《問》預金の差押えに関する次の記述のうち、最も不適切なものはどれか。

1）差押命令が送達され、差押えを受けた預金債権の存否等について陳述の催告を受けた場合、第三債務者である金融機関に陳述する義務はない。

2）差押命令が送達されることによって、債務者である預金者は預金の取立その他の処分が禁止される。

3）差押命令によって、第三債務者である金融機関は債務者である預金者への弁済が禁止される。

4）差押債権者は、差押命令が債務者である預金者に送達された日から1週間を経過したとき、差押債権を取り立てることができる。

・解説と解答・

1）不適切である。差押命令が送達され、差押えを受けた預金債権（差押預金）の存否、差押預金の種類・金額、弁済の意思の有無等について陳述の催告を受けることがある。この催告を受けたときは、第三債務者である金融機関は2週間以内に陳述書を裁判所に提出して陳述しなければならない（民事執行法147条1項）。

2）適切である。差押命令により債務者（預金者）は債権の取立その他の処分が禁止され、また、第三債務者に対し、債務者（預金者）への弁済が禁止される（民事執行法145条1項）。差押えの効力は第三債務者に差押命令が送達されたときに生じる（同法同条5項）。

3）適切である。上記解説2）参照。

4）適切である（民事執行法155条1項）。差押債権者は、差押命令が債務者である預金者に送達された日から1週間を経過したときは、差し押さえた債権を取り立てることができる。取立権を行使することができる範囲は、差押債権者の債権と執行費用の合計金額までに限られている。また、債務者に不服申立ての機会を与えるため、差押債権者が取立権を取得するのに1週間を要するとしている。

正解　1）

116

4-10 預金の差押え③

《問》預金の差押えに関する次の記述のうち、最も不適切なものはどれ
か。

1）強制執行による差押命令の送達を受けた金融機関（第三債務者）
は、債務者に被差押債権を支払うことができなくなるが、金融機関
としては、債権者に弁済する以外に供託を行うという対応も考えら
れる。

2）強制執行による差押命令が競合した場合、金融機関（第三債務者）
は特定の差押債権者に弁済をすることはできず、債権者間の公平を
図るために、差し押さえられた預金全額について、供託が義務づけ
られる。

3）既に税務署から滞納処分を受けている預金に対して、社会保険事務
所からも滞納処分による差押えを受けた場合、差押えが競合するの
で、供託が義務づけられる。

4）強制執行による差押命令の後に滞納処分がなされ、その両者が競合
した場合、被差押債権全額について供託が義務づけられる。

解説と解答

1）適切である。裁判所からの差押命令の送達を受けた金融機関（第三債務
者）は、債務の履行期が到来したときは、差押債権者の取立に応じてもよ
いし、または債務の履行地の供託所に供託することもできる。この供託を
権利供託という（民事執行法156条1項）。

2）適切である。この供託を義務供託という（同法156条2項）。

3）不適切である。（先着）滞納処分‐（後着）滞納処分の場合には、先着の
差押債権者が取立権を有する（国税徴収法基本通達62条関係の7）。

4）適切である（滞調法36条の6第1項）。

正解　3）

4－11　預金に対する転付命令

> 《問》預金に対する転付命令に関する次の記述のうち、最も不適切なもの
> はどれか。
> 1) 転付命令の発令が差押命令と同時ではなく遅れてなされた場合も、
> 　　預金に対する転付命令の効力が生じる。
> 2) 転付命令が第三債務者に送達される前に、他の債権者からの仮差押
> 　　えを受け、差押えの競合が生じている場合も、その先行するものが
> 　　仮差押えの場合は、預金に対する転付命令の効力が生じる。
> 3) 転付命令にかかる定期預金の期限が未到来の場合も、預金に対する
> 　　転付命令の効力が生じる。
> 4) 転付命令確定後に国税の滞納処分による差押えがあった場合も、預
> 　　金に対する転付命令の効力が生じる。

・解説と解答・

　転付命令は、差押債権者の申立により、支払に代えて券面額で差し押さえら
れた金銭債権を差押債権者に転付、すなわち、差押債権者に取得させる命令で
ある（民事執行法159条1項）。そのため、転付命令は、差押命令と同時あるい
は遅れて出される。転付命令は、確定したときは第三債務者への送達時に遡っ
て効力が発生する。しかし、転付命令は転付債権者に独占的な満足を与える制
度であることから、転付命令が第三債務者に送達される時までに、（仮）差押
えがあり競合関係が生じているときは、効力は生じない（同法159条3項）。

　なお、定期預金の期限の到来の有無は問われず、また、転付命令の確定に
よって差押債権者に当該債権が移転することから、その後に行われる滞納処分
によっても影響を受けることはない。

1) 適切である。
2) 不適切である。
3) 適切である。
4) 適切である

正解　2)

4-12 相続人の範囲と相続分

《問》法定相続人の範囲と相続分に関する次の記述のうち、最も適切なものはどれか。
1) 胎児は、相続については、既に生まれたものとみなされるが、死産の場合には相続権はない。
2) 特別養子は、養親の相続人とならない。
3) 被相続人の直系尊属にも、代襲相続が認められる。
4) 相続人が兄弟姉妹の場合には、各々の相続分は父母の一方のみを同じくする者がいても均等である。

・解説と解答・

1) 適切である。胎児は、相続については既に生まれたものとみなされ、生きて産まれることにより相続開始時に遡って相続人となる（民法886条1項・2項）。
2) 不適切である。特別養子は、実親との親子関係が切断されるため実親の相続人になることはできないが（民法817条の9）、養親の相続人になる。
3) 不適切である。被相続人の直系尊属については、代襲相続は認められない（民法887条2項、889条2項）。
4) 不適切である。兄弟姉妹のなかに父母の一方のみを同じくする者がいるときは、その者の相続分は、父母の双方を同じくする者の2分の1である（民法900条4号但書）。

正解　1)

（参考）相続の承認と放棄
単純承認：単純承認は相続により相続人が被相続人の権利義務を無限に承継するものである（民法920条以下）。なお、相続人が規定される事由（相続人が相続財産の全部または一部を処分したとき、相続人3カ月（熟慮期間）内に限定承認または相続の放棄をしなかったときなど）を行ったときは単純承認したものとみなされる。
限定承認：限定承認は相続によって得た財産の限度で被相続人の債務および遺贈を弁済することとするものである（民法922条以下）。共同相続の場合には限定承認は共同相続人の全員が共同してのみこれをすることができる。
相続放棄：相続を放棄した場合には、その相続に関して初めから相続人とならなかったものとみなされる（民法939条）。相続を放棄する場合には被相続人の最後の住所地を管轄する家庭裁判所に申述する。

4－13　相続預金の取扱い

《問》　X銀行Y支店に普通預金口座を有するAが死亡した際に、Aに相
　　　　続人がいることが明らかではない場合の相続財産の取扱いに関す
　　　　る次の記述のうち、最も不適切なものはどれか。
　1）相続人の存在が不明の場合は、相続財産は法人とされ、利害関係人
　　　または検察官からの請求により、家庭裁判所が相続財産清算人を選
　　　任する。
　2）X銀行は、相続財産清算人の選任を申し立てることのできる利害関
　　　係人には含まれない。
　3）相続財産清算人が選任された後に相続人が現れたときは、相続財産
　　　法人は成立しなかったものとみなされるものの、相続財産清算人が
　　　権限内でした行為は無効とされるわけではない。
　4）相続人が最後まで現れなかったときは、最終的に残存した財産は国
　　　庫に帰属する。

・解説と解答・

　1）適切である（民法951条、952条）。
　2）不適切である。銀行は、少なくとも預金債権の債務者であり、相続財産清
　　　算人の選任を申し立てることができる利害関係人に含まれる。
　3）適切である（民法955条）。
　4）適切である（民法959条）。

正解　2）

（参考）相続に関する各種制度
（1）相続財産管理制度
　従前、相続財産の管理について、家庭裁判所は、相続財産の管理人を選任で
きる旨が定めていたが、2023年4月より、相続財産に関する処分等もできる相
続財産の清算人の制度が創設された。
a　不在者の財産の管理人
　不在者（従来の住所または居所を去り、容易に戻る見込みのない者）に財産
管理人がいない場合に、家庭裁判所は、利害関係人の申立てにより、不在者自
身や不在者の財産について利害関係を有する第三者の利益を保護するため、財

産管理人選任等を行うことができる。選任された不在者財産管理人は、不在者の財産を管理、保存するほか、家庭裁判所の権限外行為の許可を得て不在者に代わって処分等を行うことができる。また、不在者の財産の管理、処分その他の事由により金銭が生じたときは、不在者のために、当該金銭を供託所に供託することができる（家事事件手続法146条の2）。

b　相続財産の管理人

　保存型相続財産管理制度が創設され、相続財産の保存に関して、家庭裁判所は、利害関係人の請求により、いつでも、相続財産の管理人の選任その他の相続財産の保存に必要な処分を命ずることができることになった。相続財産の管理人の職務は、相続財産の保存行為に限定される（民法897条の2）。

c　相続財産の清算人

　相続人のあることが明らかでないとき（戸籍上相続人がいない、戸籍上の相続人が全員相続放棄した、相続欠格や廃除となったりした場合など）は、相続財産は法人とする。この場合には、家庭裁判所は、利害関係人の請求によって、相続財産の清算人が選任される（民法952条）。相続財産の清算人の職務や権限などには、不在者の財産の管理人についての規定が準用され、相続財産の管理のみならずその清算も含まれる。

（2）遺産分割前における相続預貯金債権の払戻し制度

　民法では、各共同相続人は、遺産に属する預貯金債権のうち相続開始の時の債権額の3分の1に当該共同相続人の相続分を乗じた額（標準的な当面の必要生計費、平均的な葬式の費用の額その他の事情を勘案して預貯金債権の債務者ごとに法務省令で定める額（150万円）を限度とする）については、単独でその権利を行使することができる。この場合において、当該権利の行使をした預貯金債権については、当該共同相続人が遺産の一部の分割によりこれを取得したものとみなすとしている。

　また、家事事件手続法の預貯金払戻し制度において、相続人が家庭裁判所へ申し立ててその審判を得ることができれば、相続預金の全部または一部を仮に取得し、金融機関から単独で払戻しを受けることができる（家事事件手続法200条3項）。

（3）遺産分割

① 　民法907条では、共同相続人は、被相続人が遺言で禁じた場合を除き、いつでもその協議で遺産の全部または一部の分割をすることができるとし、法的には遺言書が優先する。実際上は、相続人全員の合意があれば、遺言書の内容と異なる遺産分割を行うことが可能である。

② 　相続財産であっても、金銭その他の可分債権は、相続開始によって当然に各共同相続人の相続分に応じて分割承継されるものと解されている。したがって、金銭その他の可分債権は、遺産分割の対象にはならないのが原則である。ただし、共同相続人全員が同意すれば、可分債権を遺産分割の対象にすることは可能である。なお、可分債権のうち預貯金債権については、他の可分債権と異なり、遺産分割の対象になると解されている。

③ 　2021年民法改正（施行日2023年 4 月 1 日）による民法904条の 3 は、相続開始時から10年を経過した後にする遺産分割は、具体的相続分ではなく法定相続分による旨を規定している。すなわち、被相続人が死亡（相続開始）してから10年が経過すると、原則として寄与分や特別受益の主張ができなくなり、法定相続分を基準とした遺産分割しかできなくなる（10年経過前に家庭裁判所に遺産分割請求をした場合、期間満了前 6 カ月以内にやむを得ない事由が相続人にあった場合において当該事由消滅時から 6 カ月経過前に当該相続人が家庭裁判所に遺産分割請求をした場合、相続人全員が具体的相続分での遺産分割に同意した場合は例外となる）。

4－14　遺言の取扱い

《問》遺言や遺言書の取扱いに関する次の記述のうち、最も適切なものは
　　どれか。

1）金融機関は、遺言書の存否について、特段の事情がなければ相続人
　に確認すれば足り、それ以上の調査をする義務は負わないと解され
　ている。
2）遺留分を侵害するような遺言者（被相続人）による相続分の指定や
　遺贈があれば、遺言が無効になる。
3）遺言に基づく相続預金の支払にあたっては、遺言書が法的に有効で
　あることを確認するため、遺言書の形式にかかわらずすべて家庭裁
　判所の検認が必要となる。
4）自筆証書遺言と公正証書遺言を作成していた場合、公正証書遺言に
　従って相続手続を行わなければならない。

● 解説と解答 ●

1）適切である。
2）不適切である。遺言自体が無効にはならないが、遺留分を侵害された相続
　人は、それを侵害することになった相続人や受遺者に対して、遺留分侵害
　額に相当する金銭の支払を請求することができる（民法1046条1項）。
3）不適切である。金融機関が遺言書の法的な有効性を確認することは不可能
　であり、また、自筆証書遺言で法務局による保管制度を利用したものや公
　正証書遺言の場合には、検認は不要である（法務局における遺言書の保管
　等に関する法律11条、民法1004条2項）。なお、家庭裁判所による検認は
　遺言書の保全を目的としたものであって、遺言書の法的有効性を確保する
　ためのものではない。
4）不適切である。遺言の形式にかかわらず、その作成日が後の遺言書が優先
　され、前の遺言が後の遺言と抵触する場合は、当該抵触部分について後の
　遺言で前の遺言を撤回したものとみなされる（民法1023条1項）。遺言内
　容が抵触していない複数の遺言書がある場合は、どちらも有効とされる。

正解　1）

4－15　相続における残高証明書等

> 《問》相続に伴う残高証明書の発行および取引経過の開示請求に関する次
> の記述のうち、最も適切なものはどれか。
> 1）金融機関は相続人の1人から被相続人名義の口座の残高証明書の発
> 　行を求められた場合、当該請求人が相続人であることを確認できれ
> 　ば、その依頼に応じることができる。
> 2）被相続人名義の口座の預金取引経過の開示請求権は、共同相続人全
> 　員の同意がなければ、そのうちの1人の相続人では行使することが
> 　できない。
> 3）被相続人名義の口座の残高証明書で証明される金額は、一般に、金
> 　融機関で残高証明書の発行依頼を受け付けた時点における口座の残
> 　高である。
> 4）被相続人の債権者（相続人に該当しない者とする）は、被相続人名
> 　義の口座の預金取引経過の開示請求権を有している。

・解説と解答・

1）適切である。共同相続人がいる場合でも、相続人単独で被相続人の残高証
　明書の発行請求を行うことができる。
2）不適切である。被相続人の預金取引経過の開示請求については、最高裁判
　決平成21年1月22日において、「（中略）預金者が死亡した場合、その共同
　相続人の一人は、預金債権の一部を相続により取得するにとどまるが、こ
　れとは別に、共同相続人全員に帰属する預金契約上の地位に基づき、被相
　続人名義の預金口座についてその取引経過の開示を求める権利を単独で行
　使することができる（民法264条、252条但書）というべきであり、他の共
　同相続人全員の同意がないことは上記権利行使を妨げる理由となるもので
　はない。」とされ、被相続人の預金取引経過の開示請求については、相続
　人単独で預金取引経過の開示を求める権利を行使できるとしている。
3）不適切である。残高証明書の証明金額は、証明（記載）すべき日の元帳最
　終残高であり、相続に伴う残高証明書の場合は、一般に、被相続人の死亡
　日における預金口座の残高が証明される。
4）不適切である。預金契約上の地位を債権者は承継していないため、被相続
　人名義の口座の預金取引経過の開示請求権は有していない。

正解　1）

4－16　当座勘定取引先の死亡

《問》個人の当座勘定取引先が死亡した場合に関する次の記述のうち、最
も適切なものはどれか。
1）取引金融機関が取引先の死亡を知り、解約通知を発信した時に、取
引は終了する。
2）代理人がいる場合には、その者と取引を継続することができる。
3）未使用の手形・小切手用紙があっても、取引金融機関は法的に回収
義務を負うものではない。
4）取引先が生前に振り出した小切手が呈示された場合、取引金融機関
は必ず支払わなければならない。

・解説と解答・

　当座勘定取引契約は、手形・小切手の支払委託契約（委任契約）と、その支
払資金を預かる消費寄託契約の複合契約である。当座勘定取引契約は委任契約
を含むため、委任者たる当座取引先の死亡によって当然に終了する（民法653
条1号）。

1）不適切である。当座勘定取引契約は取引先の死亡の時点で終了し、その預
　金残高は、相続人に帰属することになる。
2）不適切である。代理人がいる場合でも、上記解説1）の場合と同様であ
　る。
3）適切である。手形・小切手用紙の回収は法的義務ではない。なお、道義的
　には金融機関として回収の努力をすべきである。
4）不適切である。前述のように、取引先の死亡によって当然に当座勘定取引
　契約が終了していることから、支払人である金融機関において、取引先が
　生前に振り出した手形・小切手についての支払義務は、法的にはないこと
　となる。全国銀行協会当座勘定規定［取引終了後の処理］では、取引終了
　前に振り出された手形等について、銀行は支払義務を負わない旨を規定し
　ている。ただし、小切手法では振出人が生前に振り出した小切手の効力
　は、振出人の死亡によっても影響されないことを規定していることもあり
　（小切手法33条）、実際上は、金融機関は相続人の意向を聞いて処理するこ
　ととなる。

正解　3）

4 −17　相殺通知の相手方

《問》預金に対する差押えがあった場合、金融機関がその預金者に対する
貸付金と預金を相殺する際の相殺通知の相手方に関する次の記述
のうち、最も適切なものはどれか。

1) 差押え後に差押債権者が取立権を取得した場合、相殺通知は預金者
または差押債権者のいずれかに対して行えばよい。

2) 差押え後に差押債権者が取立権を取得していない場合でも、相殺通
知は差押債権者に対して行えばよい。

3) 差押え後に差押債権者が転付命令を取得しそれが確定した場合、相
殺通知は預金者に対して行えばよい。

4) 滞納処分による差押えがあった場合、相殺通知は預金者ではなく、
差押債権者である国等に通知しなければならない。

•解説と解答•

1) 適切である。預金は預金者に帰属しているが、この場合、差押債権者には
取立権限があり、相殺通知の受領能力があるとされるため、相殺通知は預
金者または差押債権者のいずれに行ってもよいとされる（最判昭和39年10
月27日、民集18巻 8 号1801頁）。

2) 不適切である。差押債権者が取立権を取得していない場合は、相殺通知は
預金者に対して行う。

3) 不適切である。差押債権者が転付命令を取得し、それが確定すると預金債
権は転付債権者に帰属するので、相殺通知は転付債権者に対して行わなけ
ればならない（最判昭和32年 7 月19日、民集11巻 7 号1297頁）。

4) 不適切である。国等の滞納処分による差押えがあった場合、相殺通知は差
押債権者である国等または預金者のいずれかに対してすればよいとされて
いる（最判昭和40年 7 月20日）。

<u>正解　1)</u>

4−18 預金と融資金との相殺

《問》X金融機関は、融資先A社に対して弁済期が到来している貸出金を有しており、A社はX金融機関に弁済期未到来の預金がある。この場合におけるX金融機関の貸出金債権とA社の預金債権との相殺に関する次の記述のうち、最も適切なものはどれか。

1）X金融機関は、預金債権の期限の利益を放棄して、直ちに貸出金債権とA社の預金債権とを相殺することができる。

2）A社の預金の弁済期が到来して1カ月後に、X金融機関がA社に対して相殺の意思表示を行った場合、民法上、その相殺の効力は意思表示の時点から生じることとなる。

3）A社の預金債権が差し押えられた場合、X金融機関が相殺するためには、差押え時に貸出金債権とA社の預金債権の弁済期がいずれも到来していなければならない。

4）A社が民事再生手続開始の申立てをした場合、X金融機関の有する貸出金債権が、再生手続開始の申立てがあったことを知って当該申立て後に実行したものであっても、X金融機関は、当該貸出金債権とA社の預金債権とを相殺することができる。

・解説と解答・

1）適切である。双方の債務が弁済期にあることが相殺の要件である（民法505条1項）。預金債権の債務者である金融機関は、返還の時期を定めた場合であってもいつでも返還することができるため（民法666条3項による同591条2項の準用）、預金債権の満期が到来していない場合でも相殺できる。

2）不適切である。相殺の意思表示は、双方の債務が互いに相殺に適するようになった時に遡ってその効力を生ずる（民法506条2項）。

3）不適切である。受働債権の差押え前に取得した債権を自働債権とするのであれば、自働債権と受働債権との弁済期の先後を問わず相殺をすることができるとするのが判例であり（最判昭45.6.24金法584号4頁）、債権法の改正により、その旨が民法に明示された（民法511条1項後段）。

4）不適切である。相殺禁止の対象である（民事再生法93条の2第1項4号）。

正解　1）

4 −19　預金と法的整理①

> 《問》預金者の法的整理に関する次の記述のうち、最も適切なものはどれ
> 　　か。
> 1 ）法的整理には破産、民事再生、会社更生、特別清算の 4 つの方法が
> 　　あり、このうち会社更生および民事再生は株式会社のみを対象とし
> 　　ており、株式会社以外の法人・個人では破産または特別清算による
> 　　ことになる。
> 2 ）法的整理手続開始前の弁済禁止の保全処分があった保全処分者に対
> 　　しては、そのことのみを理由として預金の払戻しを拒むことができ
> 　　る。
> 3 ）会社更生手続開始決定後は会社の財産管理の権限は更生管財人に専
> 　　属することになり、会社の従来の代表者から預金の払戻請求を受け
> 　　ても、金融機関はそれに応じることはできない。
> 4 ）破産法のもとでは、破産管財人名義の預金の支払にあたっては、裁
> 　　判所の許可について確認する必要がある。

・解説と解答・

1 ）不適切である。株式会社のみを対象としているものは会社更生および特別
　　清算で（会社更生法 1 条、会社法510条）、破産または民事再生は、法人・
　　個人を問わず対象となる。
2 ）不適切である。弁済禁止の保全処分は、保全処分を受けた者すなわち当該
　　法的整理の対象となる者が債権者に対して弁済することが禁止されている
　　にすぎず（破産法28条 1 項、民事再生法30条 1 項、会社更生法28条 1 項）、
　　保全処分者が預金債権を取り立てる権限を失うことはない。
3 ）適切である（会社更生法72条 1 項）。
4 ）不適切である。破産管財人名義の預金の支払にあたっては、特に裁判所の
　　許可について確認する必要はない。

正解　3 ）

4－20　預金と法的整理②

《問》民事再生手続に関する次の記述のうち、最も適切なものはどれか。
1）民事再生法は、債務者の財産を清算することを目的とする法的整理
　　手続である。
2）管財人が選任されても、取引の相手方は再生債務者となる。
3）再生債権者からの相殺の時期については、特段の制限はない。
4）再生計画が可決され、裁判所で認可されると、再生債務者は債務の
　　一部免除や期限の猶予によって事業の再生を図ることができる。

・解説と解答・

1）不適切である。民事再生法は、債務者の事業や経済生活の再建を図ること
　　を目的としている（民事再生法1条）。
2）不適切である。管財人による管理を命ずる処分（民事再生法64条1項）が
　　なされた場合には、再生債務者の業務の遂行ならびに財産の管理および処
　　分に関する権限は、当該管財人に専属するため（同法66条）、取引の相手
　　方は管財人となる。
3）不適切である。再生債権者の行う相殺権の行使時期は、債権届出期間の満
　　了までに限定されている（民事再生法92条1項）。
4）適切である（民事再生法154条1項、172条の3第1項、174条1項、179条
　　1項）。

正解　4）

4 -21　預金と法的整理③

《問》法的破綻した預金取引先（法人）との取引に関する次の記述のう
ち、最も不適切なものはどれか。
1 ）破産手続開始決定があったときは、破産管財人を取引の相手方とす
る。
2 ）民事再生手続開始決定があったときは、再生管財人を取引の相手方
とする。
3 ）会社更生手続開始決定があったときは、更生管財人を取引の相手方
とする。
4 ）特別清算手続開始決定があったときは、代表権を有する清算人を取
引の相手方とする。

・解説と解答・

1 ）適切である（破産法78条 1 項）。
2 ）不適切である。民事再生手続においては、手続開始決定によっても、再生
債務者は預金取引について制限を受けないのが原則である。なお、管財人
による管理を命ずる処分が出された場合には、預金取引の相手方は管財人
となる（民事再生法38条 1 項、 3 項、64条 1 項、66条）。
3 ）適切である（会社更生法72条 1 項）。
4 ）適切である（会社法483条 1 項）。

正解　2 ）

4-22　株式払込金の取扱い

《問》株式払込金の取扱事務に関する次の記述のうち、最も不適切なもの
はどれか。
1) 発起設立において、発起人からその引き受けた株式についての払込
を受けた銀行等払込取扱金融機関は、発起人に対して保管証明書を
発行しなければならない。
2) 発起人が引き受けた株式についての払込みを仮装する「預合い」に
協力した銀行等払込取扱金融機関の役職員は、刑事罰（5年以下の
懲役もしくは500万円以下の罰金、またはこれを併科）に処される。
3)「見せ金」は、実質的には払込みがあったものとは解し得ないた
め、株式の払込みとしての効力を有しない。
4) 募集設立のとき、払込金を受け入れた銀行等払込取扱金融機関は、
会社の取締役からその払込金の返還請求を受けたときは、登記簿謄
本（登記事項証明書）または抄本で設立登記が完了したことを確認
しなければならない。

● 解説と解答 ●

1) 不適切である。株式会社の募集設立の場合を除いて（会社法64条1項）、
銀行等払込取扱金融機関は保管証明書の発行義務は負わない。
2) 適切である（会社法965条）。
3) 適切である。
4) 適切である。

正解　1)

4－23　貸金庫取引

《問》貸金庫取引に関する次の記述のうち、最も不適切なものはどれか。
 1）貸金庫契約の法的性質は、一般に、貸金庫（保管函）の賃貸借契約
　　であると解されている。
 2）貸金庫の使用権は、譲渡、転貸または質入れすることはできない。
 3）貸金庫の内容物は、強制執行の対象とすることはできない。
 4）借主は、貸金庫契約をいつでも解約することができる。

・解説と解答・

1）適切である。
2）適切である（全国銀行協会貸金庫規定［譲渡、転貸等の禁止］）。
3）不適切である。貸金庫利用者の金融機関に対する貸金庫契約上の内容物引
　　渡請求権を差し押さえる方法によって実際上、内容物に対する強制執行が
　　できる（最判平成11年11月29日、民集53巻8号1926頁）。
4）適切である（全国銀行協会貸金庫規定［解約等］1項）。

正解　3）

2024年度版
金融業務3級　預金コース試験問題集

2024年3月13日　第1刷発行

編　者　一般社団法人　金融財政事情研究会
検定センター
発行者　　　　　　　　　　加藤　一浩

〒160-8519　東京都新宿区南元町19
発　行　所　一般社団法人　金融財政事情研究会
販 売 受 付　TEL 03(3358)2891　FAX 03(3358)0037
URL https://www.kinzai.jp

本書の内容に関するお問合せは、書籍名およびご連絡先を明記のうえ、FAXで
お願いいたします。　　　　　　　　お問合せ先　FAX 03(3359)3343
本書に訂正等がある場合には、下記ウェブサイトに掲載いたします。
https://www.kinzai.jp/seigo/

ISBN978-4-322-14407-9